Beck'sche Reihe
BsR 439

Die autobiographische Schrift ‹Aus meiner Kindheit und Jugendzeit› erschien zuerst 1924 in München. In ihr erinnert sich Albert Schweitzer an sein Aufwachsen im Pfarrhaus zu Günsbach im Elsaß, seine Schulzeit in Günsbach und Mülhausen bis hin zur Studentenzeit in Straßburg. Schon durch frühe Erfahrungen lernte er Ehrfurcht vor Mensch und Tier zu üben – Vorstufen zu seiner Einsicht von der ‹Ehrfurcht vor dem Leben›, die er in einer seiner bekanntesten Schriften darstellte. Am Ende seiner jugendlichen Entwicklung steht die Erkenntnis, daß der Mensch Ideale braucht, um in einem Leben zu bestehen, das «uns den Glauben an das Gute und Wahre und die Begeisterung dafür nehmen will», und daß diese Ideale zu Taten werden müssen.

Albert Schweitzer (1875–1965), der jahrzehntelang als Urwaldarzt in Lambarene wirkte, veröffentlichte grundlegende Werke zur Theologie, Religionsphilosophie und Bach-Forschung.

ALBERT SCHWEITZER

Aus meiner Kindheit und Jugendzeit

VERLAG C.H.BECK MÜNCHEN

Mit 13 Abbildungen

Fotonachweis: Albert Schweitzer Archiv, Günsbach
2, 4, 5, 6, 7, 10, 11, 12.
Rhena Schweitzer Miller 13. Harald Steffahn 1, 3, 8, 9

Die Deutsche Bibliothek – CIP-Einheitsaufnahme

Schweitzer, Albert:
Aus meiner Kindheit und Jugendzeit / Albert Schweitzer. –
152.–159. Tsd. – München : Beck, 1991
(Beck'sche Reihe ; Bd. 439)
ISBN 3 406 34031 8
NE: GT

ISBN 3 406 34031 8

152.–159. Tausend. 1991
Einbandentwurf von Uwe Göbel, München

Gesamtherstellung: C. H. Beck'sche Buchdruckerei, Nördlingen
Printed in Germany

Ich wurde am 14. Januar 1875 in dem Städtchen Kaysersberg im Oberelsaß geboren, in dem Häuschen mit dem Türmchen links am oberen Ausgang des Ortes. Mein Vater bewohnte es als Pfarrverweser und als Lehrer der kleinen evangelischen Gemeinde des zum größten Teil katholischen Ortes. Seitdem das Elsaß französisch geworden ist, ist die kleine Pfarrei eingegangen. In dem Häuschen mit dem Türmchen ist nun die Gendarmerie untergebracht. Ich folgte als das zweite Kind auf eine um ein Jahr ältere Schwester.

Nach diesem Kaysersberg ist der berühmte mittelalterliche Prediger Geiler von Kaysersberg (1445–1510), der am Straßburger Münster predigte, benannt. In Schaffhausen in der Schweiz geboren, wuchs er nach dem Tode seines Vaters in Kaysersberg bei seinem Großvater auf. Das Jahr 1875 war ein ausgezeichnetes Weinjahr. Als Knabe habe ich mir sehr viel darauf eingebildet, in der Stadt Geilers von Kaysersberg und in einem berühmten Weinjahr geboren zu sein.

Ein halbes Jahr nach meiner Geburt siedelte mein Vater als Pfarrer nach Günsbach im Münstertal über. Meine Mutter war eine Münstertälerin. Sie war die Tochter des Pfarrers Schillinger zu Mühlbach, hinten im Tal.

Als wir nach Günsbach kamen, war ich ein sehr schwächliches Kind. Bei der Installation meines Vaters hatte mich meine Mutter, so schön sie es nur konnte, in einem weißen Kleidchen mit farbigen Bändern herausgeputzt. Aber keine der zur Feier gekommenen Pfarrfrauen der Umgebung wagte ihr ein Kompliment über das magere Kindchen mit dem gelben Gesichtchen zu machen. Alle ergingen sie sich in verlegenen Redensarten. Da konnte sich meine Mutter – sie hat es mir oft erzählt – nicht mehr beherrschen. Sie flüchtete mit mir in das Schlafzimmer und weinte heiße Tränen über mir.

Einmal hielt man mich gar für tot.

Aber die Milch der Kuh des Nachbars Leopold und die gute Luft Günsbachs taten Wunder an mir. Vom zweiten Jahre an gesundete ich und wurde ein kräftiger Knabe.

Im Pfarrhause von Günsbach verlebte ich mit drei Schwestern und einem Bruder eine schöne Kindheit. Ein sechstes Kind, ein Mädchen, Emma genannt, wurde meinen Eltern durch einen frühen Tod entrissen.

Meine erste Erinnerung ist der Teufel. Mit drei oder vier Jahren durfte ich schon alle Sonntage mit in die Kirche. Ich freute mich schon die ganze Woche darauf. Noch fühle ich auf meinen Lippen die Zwirnhandschuhe unserer Magd, die mir die Hand auf den Mund legte, wenn ich gähnte oder zu laut mitsang. Jeden Sonntag erlebte ich es, daß aus blitzendem Rahmen oben seitwärts von der Orgel herunter ein zottiges Antlitz sich hin- und herwendend in die Kirche herunterschaute. Es war sichtbar, solange die Orgel spielte und der Gesang dauerte, verschwand, sobald mein Vater am Altar betete, kam wieder, sowie wieder gespielt und gesungen wurde, verschwand wieder, sobald mein Vater predigte, um nachher zu Gesang und Orgelspiel noch einmal zu erscheinen. «Dies ist der Teufel, der in die Kirche hereinschaut», sagte ich mir. «Wenn dein Vater mit dem Worte Gottes anfängt, muß er sich davon machen.» Diese allsonntäglich erlebte Theologie gab den bestimmenden Ton in meiner kindlichen Frömmigkeit an. Erst viel später, als ich

Das Geburtshaus in Kaysersberg

schon längere Zeit in die Schule ging, wurde mir klar, daß das zottige Antlitz, das so merkwürdig kam und verschwand, dem Vater Iltis, dem Organisten, angehörte und in dem Spiegel erschien, der an der Orgel befestigt war, um den Organisten schauen zu lassen, wann mein Vater an den Altar oder auf die Kanzel trat.

Weiter erinnere ich mich aus meiner frühesten Kindheit noch, wie ich mich zum erstenmal mit Bewußtsein und vor mir geschämt habe. Ich hatte noch ein Röckchen an und saß auf einem Schemelchen im Hof, während mein Vater am Immenstock im Garten hantierte. Nun ließ sich ein schönes Tierchen auf meiner Hand nieder und ich freute mich, wie es darauf herumlief. Aber plötzlich fing ich an zu schreien. Das Tierchen war eine Biene, die mit Recht darüber erbost sein mochte, daß der Herr Pfarrer die gefüllten Waben aus dem Bienenstock nahm, und die dafür das Pfarrerssöhnchen stach. Auf mein Geschrei eilte das ganze Haus zusammen, jedermann bedauerte mich. Die Magd nahm mich in ihre Arme und suchte mich durch Küsse zu trösten. Die Mutter machte dem Vater Vorwürfe, daß er am Immenstock gearbeitet habe, ohne mich zuerst in Sicherheit zu bringen. Da ich durch mein Unglück so interessant geworden war, weinte ich mit Genugtuung, bis ich plötzlich bemerkte, daß ich Tränen vergoß, ohne mehr Schmerz zu verspüren. Mein Gewissen sagte mir, jetzt aufzuhören. Aber um weiter interessant zu sein, fuhr ich mit Jammern fort und nahm weiter Tröstungen entgegen, die ich nicht mehr brauchte. Dabei kam ich mir aber so schlecht vor, daß ich tagelang darüber unglücklich war. Wie oft hat mich dieses Erlebnis gewarnt, wenn ich als Erwachsener in Versuchung kam, mit dem, was mir widerfuhr, wichtig zu tun.

Der Vater Ludwig Schweitzer

Der Schrecken meiner ersten Kindheit war der Sakristan und Totengräber Jägle. Wenn er am Sonntagmorgen nach dem Zeichenläuten ins Pfarrhaus kam, um die Nummern der zu singenden Lieder und das Taufgeschirr zu holen, griff er an meine Stirn und sagte: «Die Hörner wachsen.» Die Hörner waren meine Sorge. Ich hatte nämlich ziemlich starke Höcker an der Stirn, die mir arg zu denken gaben, seitdem ich in der Bibel Moses mit den Hörnern abgebildet gesehen hatte. Wie der Sakristan von meinen Sorgen erfahren hat, weiß ich nicht. Aber er kannte sie und schürte sie. Wenn er sich am Sonntag vor der Haustüre die Füße abputzte, ehe er schellte, wäre ich am liebsten davongelaufen. Aber er hatte mich in der Gewalt, wie die Schlange das Kaninchen. Ich konnte nicht anders, als ihm entgegentreten, seine Hand auf der Stirn fühlen und den fatalen Ausspruch entgegennehmen. Nachdem ich die Angst etwa ein Jahr mit mir herumgetragen hatte, brachte ich vor meinem Vater die Rede auf die Hörner des Moses und erfuhr von ihm, daß Moses der einzige Mensch mit Hörnern gewesen sei. Also hatte ich nichts mehr zu fürchten.

Als der Sakristan merkte, daß ich ihm entschlüpfte, erfand er etwas Neues. Er redete mir vom Soldatsein. «Jetzt sind wir preußisch», sagte er, «und bei den Preußen muß jeder Soldat sein. Und die Soldaten tragen Kleider aus Eisen. In ein paar Jahren mußt du dir dann die Kleider beim Schmied drüben an der Straße anmessen lassen.»

Daraufhin suchte ich jede Gelegenheit, vor der Werkstätte des Schmieds stehenzubleiben, um zu sehen, ob ein Soldat käme, sich ein Kleid anmessen zu lassen. Es trafen aber immer nur Pferde und Esel zum Beschlagen ein.

Später, vor dem Bilde eines Kürassiers, erforschte ich von meiner Mutter, was es mit den eisernen Kleidern der Soldaten für eine Bewandtnis habe. Zu meiner Beruhigung erfuhr ich, daß die gewöhnlichen Soldaten Kleider aus Tuch trügen und daß ich ein gewöhnlicher Soldat werden würde.

Der Sakristan, ein alter Soldat, der den Krimkrieg mitgemacht hatte, gehörte zu den trockenen Spaßmachern, an denen es in Günsbach von jeher nie gefehlt hat. Er wollte mich erziehen, Spaß zu verstehen. Nur nahm er mich in eine etwas zu harte Schule.

Als Sakristan und Totengräber war er äußerst würdevoll. Mit majestätischem Anstand schritt er durch die Kirche. Im übrigen aber hat er sich als Original einen Namen gemacht. Als er eines Morgens im Heumachet mit dem Rechen gerade auf die Wiesen wollte, und ein Mann kam, den Tod seines Vaters anzuzeigen und das Grab zu bestellen, empfing er ihn mit den Worten: «Da könnte jetzt jeder kommen und sagen, sein Vater sei gestorben.» Einmal, als wir an einem Sonntagabend, im Hochsommer, an seinem Hause vorübergingen, kam er fast mit Tränen auf meinen Vater zu und vertraute ihm die Geschichte von seinem Kalb an. Er hatte ein schönes Kalb aufgezogen, das ihm nachlief wie ein Hund. Am Anfang des Sommers hatte er es auf die Bergweide getan, und an jenem Sonntag war er gegangen, es zu besuchen. Aber das Kalb erkannte ihn nicht wieder. Er war für es nur noch ein Mensch wie andere Menschen. Diese Undankbarkeit hatte ihn tief verletzt. Das Kalb durfte ihm nicht wieder in den Stall zurück. Er verkaufte es alsbald.

Auf die Schulzeit habe ich mich nicht gefreut. Als mein Vater mir an einem schönen Oktobertage zum ersten Male die Schiefertafel unter den Arm gab und mich zur Lehrerin führte, weinte ich den ganzen Weg lang. Ich ahnte, daß es mit dem Träumen und der herrlichen Freiheit zu Ende sei.

Auch später hat sich mein Ahnen nie von dem schönen Schein, in dem sich das Neue darbot, blenden lassen. Immer bin ich ohne Illusionen in das Unbekannte hineingestiegen.

Einen großen Eindruck machte mir die erste Visitation des Schulinspektors, und zwar nicht nur deswegen, weil die Lehrerin vor Aufregung mit den Händen zitterte, als sie ihm das Klassenbuch reichte, und der Vater Iltis, der sonst so streng aussah, in einem fort lächelte und sich verbeugte. Nein, was mich so bewegte, war, daß ich zum ersten Male einen Mann von Angesicht sah, der ein Buch geschrieben hatte. Sein Name – er hieß Steinert – war es, der auf dem grünen Lesebuch der Mittelstufe und auf dem gelben Lesebuch der Oberstufe stand. Und nun hatte ich den Schreiber dieser zwei Bücher, die für mich gleich nach der Bibel kamen, leibhaftig vor mir. Sein Aussehen war nicht imposant. Er war klein, hatte einen Kahlkopf, eine rote Nase, ein dickes Bäuchlein und stak in einem grauen Anzug. Für mich aber war er von einem Glorienschein umflossen, denn es war eben der Mann, der ein Buch geschrieben hatte. Es schien mir unfaßlich, daß die Lehrerin und der Lehrer mit ihm wie mit einem gewöhnlichen Menschen redeten.

Auf das erste Zusammentreffen mit einem Bücherschreiber folgte bald ein zweites, noch größeres Erlebnis. Ein Jude aus einem Nachbardorfe, Mausche genannt, der

Die Schule in Günsbach

Vieh- und Länderhandel trieb, kam mit seinem Eselskarren zuweilen durch Günsbach. Da bei uns damals keine Juden wohnten, war dies jedesmal ein Ereignis für die Dorfjungen. Sie liefen ihm nach und verspotteten ihn. Um zu bekunden, daß ich anfing, mich als erwachsen zu fühlen, konnte ich nicht anders, als eines Tages auch mitzumachen, obwohl ich eigentlich nicht verstand, was das sollte. So lief ich mit den andern hinter ihm und seinem Esel her und schrie wie sie: «Mausche! Mausche!» Die Mutigsten falteten den Zipfel ihrer Schürze oder ihrer Jacke zu einem Schweinsohr zusammen und sprangen damit bis nahe an ihn heran. So verfolgten wir ihn vors Dorf hinaus bis an die Brücke. Mausche aber, mit seinen Sommersprossen und dem grauen Bart, ging so gelassen fürbaß wie sein Esel. Nur manchmal drehte er sich um und lächelte verlegen und gütig zu uns zurück. Dieses Lächeln überwältigte mich. Von Mausche habe ich zum ersten Male gelernt, was es heißt, in Verfolgung stille schweigen. Er ist ein großer Erzieher für mich geworden. Von da an grüßte ich ihn ehrerbietig. Später, als Gymnasiast, nahm ich die Gewohnheit an, ihm die Hand zu geben und ein Stückchen Wegs mit ihm zu gehen. Aber nie hat er erfahren, was er für mich bedeutete. Es ging das Gerücht, er sei ein Wucherer und Güterzerstückler. Ich habe es nie nachgeprüft. Für mich ist er der Mausche mit dem verzeihenden Lächeln geblieben, der mich noch heute zur Geduld zwingt, wo ich zürnen und toben möchte.

Ich war nicht händelsüchtig. Aber ich liebte, in freundschaftlichem Raufen meine Körperkräfte mit andern zu messen. Eines Tages, auf dem Nachhauseweg von der Schule, rang ich mit Georg Nitschelm – er ruht nun schon unter der Erde –, der größer war und für stärker galt als ich, und bezwang ihn. Als er unter mir lag, stieß er hervor: «Ja, wenn ich alle Woche zweimal Fleischsuppe zu essen bekäme wie du, da wäre ich auch so stark wie du!» Erschrocken über dieses Ende des Spiels wankte ich nach Hause. Georg Nitschelm hatte mit böser Deutlichkeit ausgesprochen, was ich bei anderen Gelegenheiten schon zu fühlen bekommen hatte. Die Dorfknaben ließen mich nicht ganz als einen der ihrigen gelten. Ich war für sie der, der es besser hatte als sie, das Pfarrerssöhnle, das Herrenbüble. Ich litt darunter, denn ich wollte nichts anderes sein und es nicht besser haben als sie. Die Fleischsuppe wurde mir zum Ekel. Sowie sie auf dem Tisch dampfte, hörte ich Georg Nitschelms Stimme.

Nun wachte ich ängstlich darüber, mich in nichts von den anderen zu unterscheiden. Auf den Winter hatte ich einen Mantel bekommen, aus einem alten meines Vaters gemacht. Aber kein Dorfknabe trug einen Mantel. Als der Schneider mir ihn anprobierte und gar noch sagte: «Potz Tausend, Albert, jetzt bist du bald ein Monsieur!» verbiß ich mit Mühe die Tränen. Am Tage aber, wo ich ihn zum erstenmal anziehen sollte – es war an einem Sonntagmorgen zur Kirche –, weigerte ich mich. Es gab einen üblen Auftritt. Mein Vater verabreichte mir eine Ohrfeige. Es half nichts. Man mußte mich ohne Mantel zur Kirche mitnehmen.

Jedesmal nun, wenn ich den Mantel anziehen sollte, gab es dieselbe Geschichte. Was habe ich wegen dieses Kleidungsstückes Schläge bekommen! Aber ich blieb standhaft.

In demselben Winter nahm mich meine Mutter mit nach Straßburg, einen alten Verwandten zu besuchen. Bei dieser Gelegenheit wollte sie mir eine Kappe kaufen. In einem schönen Laden probierte man mir etliche auf. Zuletzt einigten sich meine Mutter und die Verkäuferin auf eine schöne Matrosenmütze, die ich gleich aufbehalten sollte. Aber sie hatten die Rechnung ohne den Wirt gemacht. Die Mütze war für mich unannehmbar, denn kein Dorfknabe trug eine Matrosenmütze. Als man in mich drang, diese Mütze oder ein anderes von den aufprobierten Dingern zu nehmen, führte ich mich so auf, daß der ganze Laden zusammenlief. «Ja, was willst du denn für eine Kappe, du dummer Bub?» fuhr mich die Verkäuferin an. «Ich will keine von euren neumodischen, ich will eine, wie sie die Dorfknaben tragen.» Also sandte man ein Ladenfräulein aus, die mir dann aus den Ladenhütern eine braune Kappe brachte, die man über die Ohren herunterklappen konnte. Freudestrahlend setzte ich sie auf, während meine arme Mutter ein paar schöne Bemerkungen und höhnische Blicke für ihren Tölpel einheimste.

Ich litt darunter, daß sie sich meinetwegen vor den Stadtleuten schämen mußte. Aber sie schalt mich nicht, als ahnte sie, daß etwas Ernstes dahintersteckte.

Dieser schwere Kampf dauerte so lange, als ich auf der Dorfschule war, und verbitterte nicht nur mir, sondern auch meinem Vater das Leben. Ich wollte nur Fausthandschuhe tragen, denn die Dorfjungen trugen keine andern. An Wochentagen wollte ich nur in Holzschuhen gehen, denn sie hatten die Lederschuhe auch nur am Sonntag an. Jeder Besuch, der kam, fachte den Konflikt aufs neue an, denn da sollte ich mich in «standesgemäßer» Kleidung präsentieren. Im Hause selbst machte ich alle Konzessionen. Aber sowie es sich darum handelte, als Herrenbüble gekleidet mit dem Besuch auch spazieren zu gehen, war

Die Mutter Adele Schweitzer, geborene Schillinger

ich wieder der unausstehliche Kerl, der seinen Vater erzürnte, und der mutige Held, der Ohrfeigen hinnahm und sich in den Keller sperren ließ. Und ich litt schwer darunter, gegen meine Eltern widerspenstig zu sein. Meine Schwester Luise, die ein Jahr älter war als ich, hatte Verständnis für das, was ich durchmachte, und war rührend für mich.

Die Dorfknaben wußten nicht, was ich ihretwegen ausstand. Sie nahmen alle meine Anstrengungen, in nichts anders zu sein als sie, gelassen hin ... um mich dann, beim geringsten Zwist, mit dem furchtbaren Wort «Herrenbüble» zu verwunden.

Gleich in meiner ersten Schulzeit mußte ich mit einem der schwersten Erlebnisse, die die Schule des Lebens für uns bereit hält, fertig werden. Ein Freund verriet mich. Dies ging so zu. Als ich zum erstenmal das Wort «Krüppel» hörte, wußte ich nicht recht, was mir darunter vorstellen. Es erschien mir geeignet, einem besonders starken Mißfallen Ausdruck zu geben. Als solches eignete ich es mir an. Die neugekommene Lehrerin, Fräulein Goguel, hatte meine Gunst noch nicht erworben. Also wurde sie mit dem geheimnisvollen Wort bedacht. Darum, als ich mit meinem liebsten Kameraden die Kühe hütete, vertraute ich ihm mit geheimnisvoller Miene an: «Das Fräulein ist ein Krüppel. Aber du sagst es niemand.» Er versprach es.

Kurze Zeit darauf hatten wir auf dem Wege zur Schule einen Disput miteinander. Auf der Treppe raunte er mir dann zu: «Gut, jetzt sag ich aber dem Fräulein, daß du es Krüppel geheißen hast.» Ich nahm die Drohung nicht ernst, denn ich hielt solchen Verrat nicht für möglich. In

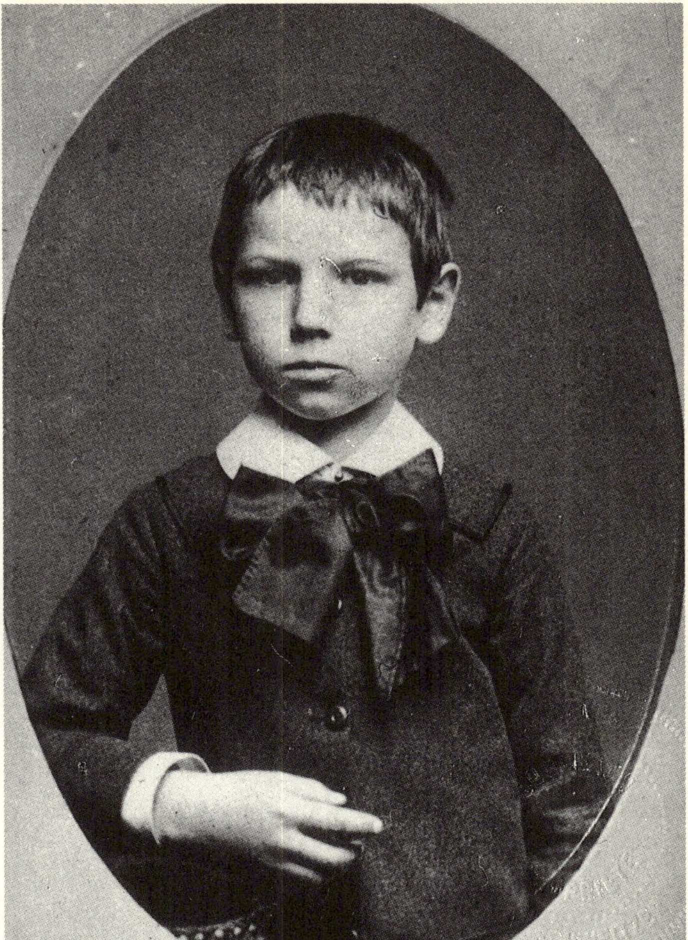

Albert Schweitzer als Schüler

der Pause aber ging er wirklich ans Pult und meldete: «Fräulein, der Albert hat gesagt, daß du ein Krüppel bist.» Die Sache hatte keine Folgen, denn die Lehrerin verstand nicht, was die Anzeige bedeuten sollte. Ich aber konnte das Schreckliche nicht fassen. Das erste Erleben von Verrat schlug alles in Scherben, was ich bisher vom Leben gedacht und erwartet hatte. Ich brauchte Wochen, bis ich mich damit abgefunden hatte. Nun war ich wissend geworden über das Leben. Ich trug die bittere Wunde an mir, die es uns allen schlägt und die es durch immer neue Streiche offen hält. Von den Streichen, die ich seitdem empfangen habe, waren manche schwerer als der erste. Aber so geschmerzt wie jener hat keiner.

Schon vor meiner Schulzeit hatte mein Vater begonnen, mich auf einem alten Tafelklavier in Musik zu unterrichten. Von Noten spielte ich nicht viel ab. Meine Freude war, zu improvisieren und Lieder und Choralmelodien mit selbst erfundener Begleitung wiederzugeben. Als nun in der Gesangstunde die Lehrerin fortgesetzt den Choral Note für Note ohne Begleitung anschlug, empfand ich dies als nicht schön und frug sie in der Pause, warum sie ihn nicht richtig mit Begleitung spiele. Im Eifer setzte ich mich ans Harmonium und spielte ihr ihn schlecht und recht mehrstimmig aus dem Kopfe vor. Da wurde sie sehr freundlich zu mir und schaute mich merkwürdig an. Aber selbst tippte sie den Choral auch weiterhin immer nur mit einem Finger. Da ging mir auf, daß ich etwas konnte, was sie nicht konnte, und ich schämte mich, ihr mein Können, das ich für etwas ganz Selbstverständliches angesehen hatte, vorgemacht zu haben.

Im übrigen war ich ein stiller und verträumter Schüler, der Lesen und Schreiben nicht ohne Mühe erlernte.

Albert Schweitzer in der Schule von Günsbach 1881
(zweite Reihe, zweiter von rechts)

Noch eins ist mir aus dem ersten Schuljahr erinnerlich. Ehe ich zur Schule ging, hatte mein Vater mir schon viele biblische Geschichten, auch die von der Sintflut, erzählt. Als nun ein sehr regnerischer Sommer war, überfiel ich ihn mit der Bemerkung: «Wohl hat es jetzt auch bei uns schon an die vierzig Tage und vierzig Nächte geregnet, und das Wasser kommt nicht einmal an die Häuser, geschweige denn bis hinauf über die Berge.» «Ja, damals», antwortete er, «zu Beginn der Welt, hat es eben nicht in Tropfen geregnet, wie jetzt, sondern wie wenn man Wasser aus Kübeln ausschüttet.» Diese Erklärung leuchtete mir ein. Als dann die Lehrerin in der Schule auch die Geschichte von der Sintflut erzählte, wartete ich darauf, daß sie ebenfalls den Unterschied zwischen dem damaligen und dem jetzigen Regen erwähnen würde. Sie unterließ es aber. Da konnte ich nicht mehr an mich halten. «Fräulein Lehrerin», rief ich von meinem Platze aus, «du mußt die Geschichte auch richtig erzählen.» Ohne mich zur Ruhe verweisen zu lassen, fuhr ich fort: «Du mußt sagen, daß es damals nicht in Tropfen regnete, sondern wie wenn man Wasser aus Kübeln ausschüttet.» Als ich acht Jahre alt war, gab mir mein Vater, auf meine Bitten, ein Neues Testament, in dem ich eifrig las. Zu den Geschichten, die mich am meisten beschäftigten, gehörte die von den Weisen aus dem Morgenland. Was haben die Eltern Jesu mit dem Gold und den Kostbarkeiten gemacht, die sie von diesen Männern bekamen? fragte ich mich. Wie konnten sie nachher wieder arm sein?

Ganz unbegreiflich war mir, daß die Weisen aus dem Morgenland sich später um das Jesuskind gar nicht mehr bekümmerten. Auch daß von den Hirten zu Bethlehem nicht erzählt wird, sie seien nachher Jünger geworden, gab mir schweren Anstoß.

Im zweiten Schuljahr hatten wir zweimal wöchentlich Schönschreibstunde beim Lehrer, der gerade vorher mit den Großen Singstunde abhielt. Da kam es vor, daß wir zu früh aus der kleinen Schule herübergekommen waren und vor dem Schulsaal der Großen warten mußten. Wenn dann der zweistimmige Gesang «Dort drunten in der Mühle saß ich in süßer Ruh» oder «Wer hat dich, du schöner Wald» einsetzte, mußte ich mich an der Wand halten, um nicht umzufallen. Die Wonne der zweistimmigen Musik lief mir über die Haut und durch den ganzen Körper. Auch als ich die ersten Male Blechmusik hörte, schwanden mir fast die Sinne. Den Ton der Violine aber empfand ich nicht als schön und gewöhnte mich erst nach und nach an ihn.

Auf der Dorfschule erlebte ich das Aufkommen des Fahrrades. Mehrmals schon hatten wir gehört, wie die Fuhrleute sich gegen Menschen ereiferten, die auf hohen Rädern einherrasten und die Pferde erschreckten. Eines Morgens aber, während wir in der Pause auf dem Schulhof spielten, wurde bekannt, daß im Wirtshaus an der Straße drüben ein «Geschwindläufer» eingekehrt sei. Die Schule und alles vergessend, rannten wir hin und bestaunten das hohe Rad, das draußen stand. Auch viele Erwachsene fanden sich ein und warteten mit uns, daß der Fahrer mit seinem Schöppele Wein fertig wäre. Endlich trat er heraus. Da lachte alles, daß ein erwachsener Mann kurze Hosen trug. Und schon saß er auf seinem Rad und fuhr auf und davon.

Neben den hohen Rädern kamen nachher, in der Mitte der achtziger Jahre, die halbhohen, die sogenannten Känguruhs auf. Bald darauf erblickte man auch schon die ersten Niederräder. Die Fahrer aber, die sich zuerst zeigten, wurden verspottet, daß sie nicht den Mut hätten, auf hohen Rädern zu sitzen.

Im vorletzten Jahr auf dem Gymnasium kam ich selber in den schon lange heißersehnten Besitz eines Rades. Die Mittel dazu hatte ich mir in anderthalb Jahren durch Mathematikstunden verdient, die ich zurückgebliebenen Schülern erteilte. Es war ein schon gebrauchtes Rad und kostete zweihundertunddreißig Mark. Damals galt es aber noch für unziemlich, daß Pfarrerssöhne Rad fuhren. Zum Glück setzte mein Vater sich über diese Vorurteile hinweg. An Stimmen, die das «hochmütige» Unternehmen seines Sohnes tadelten, hat es nicht gefehlt.

Der bekannte Orientalist und Theologe Eduard Reuss in Straßburg wollte nicht, daß die Studenten der Theologie radführen. Als ich, 1893, als Student der Theologie mit meinem Rade in das Thomasstift einzog, bemerkte der Stiftsdirektor Erichson, daß er mir das nur gestatten könne, weil Professor Reuss tot sei.

Die Jugend von heutzutage kann sich nicht mehr vorstellen, was das Aufkommen des Rades für uns bedeutete. Eine bisher ungeahnte Möglichkeit, in die Natur hinauszukommen, wurde uns aufgetan. Ich habe sie reichlich und mit Wonne ausgenützt.

Wie an das erste Fahrrad erinnere ich mich auch der ersten Tomaten. Ich mochte etwa sechs Jahre alt sein, als der Nachbar Leopold uns als große Neuigkeit von den roten Dingern brachte, die er in seinem Garten gepflanzt hatte. Das Geschenk versetzte die Mutter etwas in Verlegenheit, denn sie wußte nicht recht, wie es zubereiten. Als die rote Sauce auf den Tisch kam, fand sie so wenig

Die Familie Schweitzer im Garten des Pfarrhauses von Günsbach 1893

Anklang, daß das meiste davon in den Abfalleimer kam. Erst Ende der achtziger Jahre bürgerte sich die Tomate im Elsaß ein.

Der unheimlichste Ort war mir das Studierzimmer meines Vaters. Nur wenn ich unbedingt mußte, setzte ich den Fuß hinein. Der Büchergeruch, der darin herrschte, nahm mir den Atem. Und daß mein Vater immer am Tisch saß und studierte und schrieb, dünkte mir etwas furchtbar Unnatürliches. Ich verstand nicht, wie er das aushalten könne, und gelobte mir, nie so ein so studierender und schreibender Mensch zu werden.

Etwas mehr Verständnis für das Sitzen und Schreiben meines Vaters bekam ich, als ich so weit war, daß ich den Reiz der von ihm im «Kirchenboten» und in Kalendern erscheinenden Dorfgeschichten empfand. Sein literarisches Vorbild war Jeremias Gotthelf, der als Schriftsteller bekannte schweizerische Pfarrer. Nur war er rücksichtsvoller als dieser. Er vermied es, die Leute, die ihm zu den Personen der Geschichten Modell gesessen hatten, so deutlich zu zeichnen, daß sie erkennbar waren.

Einmal im Jahr mußte ich aber mit der Studierstube Bekanntschaft machen. Das war zwischen Weihnachten und Neujahr. Da kam der Tag, an welchem es nach dem Morgenessen aus dem Munde des Vaters hieß: «Heute aber werden die Briefe geschrieben! Die Weihnachtsgeschenke nehmt ihr an. Aber wenn's dann heißt, an die Dankbriefe gehen, da seid ihr zu faul. Darum dran! Und ich will keine verdrossenen Gesichter sehen!»

Oh diese Stunden, während deren ich mit meinen Schwestern im Studierzimmer saß, die Bücherluft einatmete, die Feder meines Vaters auf dem Papier kratzen hörte, im Geiste bei den Kameraden war, die auf ihren Schlitten den Weg hinter der Kirche heruntersausten ... und an Onkel, Tanten, Taufpaten und andere Geber von Weihnachtsgeschenken Briefe schreiben sollte! Und was für Briefe! So etwas Schweres für die Feder ist mir in meinem Leben überhaupt nicht mehr vorgekommen. Alle Briefe hatten naturgemäß denselben Inhalt: 1. Dank für das von dem Betreffenden gespendete Weihnachtsgeschenk nebst Versicherung, daß es von allen Geschenken mir am meisten Freude gemacht habe. 2. Aufzählung der sämtlichen Geschenke. 3. Neujahrswünsche. Bei gleichem Inhalte sollte doch jeder Brief von dem andern verschieden sein! Und in jedem türmte sich die furchtbare Schwierigkeit auf, einen guten Übergang von den erhaltenen Weihnachtsgeschenken zu den Neujahrswünschen zu finden. Von der Not zu guter Letzt jedesmal das gerade passende Schlußkompliment anzubringen, will ich gar nicht reden!

Jeder Brief sollte zuerst ins unreine geschrieben und dem Vater vorgelegt werden. Dann hieß es ihn verbessern oder neu bearbeiten und zuletzt auf einen schönen Briefbogen ohne Fehler und ohne Tintenklecks abschreiben.

Oft ging's zum Mittagessen, und ich hatte noch nicht einmal eines von den sechs oder sieben erforderlichen Schreiben entworfen! Jahrelang habe ich die Mahlzeiten zwischen Weihnachten und Neujahr mit meinen Tränen gesalzen. Einmal fing ich gleich nach der Bescherung am Christfest, im Hinblick auf die dadurch unvermeidlich gewordenen Briefe, zu weinen an! Meine Schwester Luise brachte es fertig, jeden Brief anders zu schreiben und immer neue Übergänge von den Weihnachtsgeschenken zu den Neujahrswünschen zu finden. Nie wieder hat mir jemand durch schriftstellerische Gewandtheit so imponiert wie sie.

Der Ekel vor Studierstuben und Briefschreiben, den ich mir mit diesen Dank- und Neujahrsbriefen in der Kindheit geholt habe, hat jahrelang angehalten. Unterdessen bin ich durch die Lebensumstände dahin geführt worden, eine außerordentlich umfangreiche Korrespondenz unterhalten zu müssen. Aber Briefe, in denen man in schöner Weise am Schluß in Neujahrswünsche hineingerät, habe ich noch nicht schreiben gelernt. Darum, wo ich als Onkel oder Taufpate Weihnachtsgeschenke zu stiften habe, verbiete ich immer, daß die Empfänger mir Dankesbriefe zukommen lassen. Sie sollen ihre Suppe zwischen Weihnachten und Neujahr nicht mit Tränen salzen, wie ich es tat.

Noch heute fühle ich mich in dem Studierzimmer meines Vaters nicht wohl.

Die Woche nach Weihnachten war die einzige, in der unser Vater streng zu uns war. Im übrigen ließ er uns so viel Freiheit, als Kinder sie ertragen können. Wir wußten seine Güte zu schätzen und waren ihm tief dankbar dafür. In den Sommerferien ging er zwei- oder dreimal in der Woche mit uns auf einen ganzen Tag in die Berge. So wuchsen wir auf wie die Heckenrosen.

Im dritten Schuljahr kam ich in die «große Schule» zum Vater Iltis. Er war ein sehr tüchtiger Lehrer. Ohne mich sehr anzustrengen, habe ich viel bei ihm gelernt.

Zeitlebens bin ich darum froh gewesen, in der Dorfschule begonnen zu haben. Es war gut für mich, daß ich mich im Lernen mit den Dorfknaben messen und dabei feststellen mußte, daß sie mindestens so viel im Kopf hatten als ich. Der Dünkel, den so viele Knaben haben, die gleich auf das Gymnasium kommen, und dort miteinander meinen, die Kinder der Gebildeten hätten von sich aus mehr los als die Buben, die in geflickten Hosen und Holzschuhen gehen, ist mir immer ferngeblieben. Noch heute, wenn ich meinen ehemaligen Schulkameraden im Dorf oder auf dem Feld begegne, ist mir alsbald gegenwärtig, in was ich nicht an sie heranreichte. Der konnte besser Kopfrechnen; der machte weniger Fehler im Diktat; der wußte immer alle Geschichtszahlen; der war der erste in Geographie; der, ich meine dich, Fritz Schöppeler, schrieb fast noch schöner als der Schulmeister. Noch heute sind sie für mich das, worin sie mir damals überlegen waren.

Mit neun Jahren kam ich auf die Realschule in Münster und hatte nun morgens und abends einen Weg von drei Kilometern am Berg entlang zurückzulegen. Meine Wonne war, ihn allein ohne die Kameraden, die ihn auch zu machen hatten, zu gehen und meinen Gedanken nachzuhängen. Wie habe ich in jenen Jahren auf meinen Wanderungen Herbst, Winter, Frühjahr und Sommer erlebt! Als im Jahre 1885 in den Ferien beschlossen wurde, daß ich nach Mülhausen im Oberelsaß auf das Gymnasium käme, weinte ich stundenlang heimlich für mich. Es war mir, als risse man mich von der Natur los.

Der Begeisterung über die schöne Natur, wie ich sie auf meinen Wanderungen nach Münster erlebte, versuchte ich in Gedichten Luft zu machen. Aber über die zwei oder drei ersten Reime kam ich nie hinaus. Einige Male unternahm ich auch, den Berg mit der alten Burg, der der Straße gegenüberlag, abzuzeichnen. Aber auch dies mißriet. Von da an ergab ich mich darein, das Schöne rein beschaulich zu genießen, ohne es zu Kunst zu verarbeiten. Bis auf den heutigen Tag habe ich nichts mehr abzubilden und nichts mehr in Verse zu bringen versucht. Nur im Improvisieren von Musik verhielt und verhalte ich mich schöpferisch.

Den Religionsunterricht auf der Realschule in Münster erteilte Pfarrer Schäffer, eine bedeutende religiöse Persönlichkeit und ein in seiner Art hervorragender Redner. Er konnte die biblischen Geschichten hinreißend erzählen. Noch erinnere ich mich, wie er auf dem Pulte weinte und wir in den Bänken schluchzten, als Joseph sich seinen Brüdern zu erkennen gab. Mir legte er den Übernamen Isaak, das heißt der Lacher, bei. Ich hatte nämlich die Schwäche, daß ich leicht zum Lachen zu bringen war, was die Schulkameraden in den Unterrichtsstunden mit Grausamkeit betrieben. Wie oft stand im Klassenbuch: «Schweitzer lacht.» Dabei hatte ich gar keinen heiteren Charakter, sondern war schüchtern und verschlossen.

Das verschlossene Wesen hatte ich von meiner Mutter geerbt. Es war uns nicht gegeben, die Liebe, die wir füreinander hatten, in Worten auszudrücken. Ich kann die Stunden zählen, in denen wir uns wirklich miteinander ausgesprochen haben. Aber wir verstanden uns, ohne zu sprechen.

Von der Mutter her hatte ich auch eine tiefe Leidenschaftlichkeit, die sie ihrerseits wieder von ihrem Vater hatte, der sehr gut und zugleich jähzornig war. Zum Bewußtsein kam mir meine Leidenschaftlichkeit beim Spielen. Ich nahm jedes Spiel furchtbar ernst und erzürnte mich, wenn andere nicht ebenfalls mit ganzer Hingebung spielten. Mit neun oder zehn Jahren schlug ich einst meine Schwester Adele, weil sie in einem Spiele eine lässige Gegnerin war und mir durch ihre Gleichgültigkeit einen leichten Sieg zukommen ließ. Von jener Zeit an bekam ich Angst vor meiner Spielleidenschaft und gab nach und nach alles Spielen auf. Eine Karte habe ich nie anzurühren gewagt.

Auch auf das Rauchen verzichtete ich als Student, am 1. Januar 1899, für immer, weil es mir zur Leidenschaft geworden war.

Sehr schwer habe ich gegen Jähzorn anzukämpfen gehabt. Von meiner Kindheit her stehen viele Erinnerungen vor mir, die mich demütigen und in diesem Kampfe wachsam erhalten.

Mein Großvater Schillinger, den ich selber nicht mehr gekannt habe, war ein Eiferer für Aufklärung gewesen. Er hatte noch ganz den Geist des 18. Jahrhunderts in sich. Nach der Kirche teilte er den Leuten, die ihn auf der Straße erwarteten, die politischen Nachrichten mit und machte sie auch mit den neuesten Entdeckungen des Menschengeistes bekannt. War etwas am Himmel zu sehen, so stellte er abends vor seinem Hause das Fernrohr auf und ließ jedermann hineinschauen.

Da der katholische Pfarrer auch noch von dem Geiste des 18. Jahrhunderts und von seiner Weitherzigkeit beherrscht war, lebten die beiden Geistlichen in den nachbarlichen Pfarrhäusern in brüderlicher Eintracht zusammen. Hatte der eine mehr Besuch, als er logieren konnte, so brachte er ihn im anderen Pfarrhaus unter. Ging einer auf Reisen, so kam es vor, daß der andere auch die Kranken der andern Konfession besuchte, damit sie nicht ohne geistigen Zuspruch blieben. Wenn am Ostermorgen der katholische Pfarrer aus der Messe kam und zum Osterschmaus eilte, öffnete mein Großvater das Fenster und rief ihm seinen Glückwunsch zum Ende der Fastenzeit zu.

Eines Nachts war eine große Feuersbrunst im Dorfe. Als das evangelische Pfarrhaus bedroht schien, räumte man es und brachte die Sachen im katholischen unter. Dabei ereignete sich, daß die Krinoline meiner Großmutter in das Schlafzimmer des katholischen Vikars zu stehen kam und von dort am anderen Morgen wieder in das andere Pfarrhaus heimgeholt werden mußte.

Seine Predigten arbeitete der Großvater aufs genaueste aus. Am Samstag mußte es ganz still im Hause sein. Kein Besuch durfte sich an diesem Tage einfinden. Als sein Sohn Student war, mußte er sich so einrichten, daß er ja nie an einem Samstag in Ferien kam.

Eine Herrschernatur scheint er gewesen zu sein, der gute Pfarrer Schillinger. Er hielt die Leute in Respekt. Man wußte nicht anders, als daß der Mann, der etwas mit dem Herrn Pfarrer zu bereden hatte, im schwarzen Rock mit dem hohen Hut im Pfarrhause erschien.

Zahlreiche Anekdoten gehen hinten im Tal über ihn um. Zwei handeln von der «Türt», der klassischen Münstertäler Fleischpastete, die er bei den Hochzeits- und Taufessen, an denen er als Pfarrer den Vorsitz führte, zu zerlegen hatte. Einmal soll er gefragt haben, ob es gleich sei, wo er die Pastete anschneide, und als man dies bejahte, gesagt haben: «Dann werde ich sie zu Hause anschneiden.» Ein andermal schnitt er aus Versehen ein Stück zu wenig. Als die Platte zu ihm zurückkam und nichts von der Pastete mehr für ihn drauf war, sagte er: «Ich esse sie zwar nicht gern», obwohl jedermann wußte, wie gern er sie aß. Diese und andere Anekdoten werden noch heute

St. Nikolai in Straßburg

bei den Hochzeits- und Taufessen im Tal hinten vom Pfarrer Schillinger erzählt und belacht, wie es die Sitte erfordert.

Das Pfarrhaus, in dem er gewohnt, und die Kirche, in der er gepredigt, sind nicht mehr. Die Bomben haben sie zerschossen und zerwühlt. Ein großer Laufgraben führte mitten durch die Kirche hindurch. Aber die an der Kirche liegende Grabstätte des alten Pfarrers ist wie durch ein Wunder unversehrt geblieben.

Als ich noch so klein war, daß ich kaum verstand, was man mir sagte, erklärte mir meine Mutter, daß ich den Namen Albert zum Andenken an ihren verstorbenen Bruder führe. Dieser Bruder – es war eigentlich ein Halbbruder aus der ersten Ehe meines Großvaters – war Pfarrer an der Kirche St. Nikolai in Straßburg gewesen. Im Jahre siebenzig, nach der Schlacht von Weißenburg, war er nach Paris geschickt worden, um Medikamente im Hinblick auf die erwartete Belagerung Straßburgs zu holen. Dort, statt ihm die von den Ärzten Straßburgs flehentlich verlangten Medikamente zur Verfügung zu stellen, schickte man ihn von Büro zu Büro. Als er sich endlich mit einem kleinen Teil des Verlangten auf den Rückweg machen konnte, war die Festung bereits vollständig eingeschlossen. General von Werder, der die deutsche Belagerungsarmee kommandierte, ließ die Medikamente nach Straßburg gelangen, behielt aber meinen Onkel als Gefangenen zurück. So mußte er die Belagerung unter den Belagerern mitmachen und wurde von dem Gedanken gequält, seine Gemeinde könne meinen, er habe sie freiwillig in den schweren Zeiten im Stich gelassen. Die Folgen der Aufregungen jener Monate hat er – er war herzleidend – nicht überwunden. Im Sommer des Jahres 1872 brach er im Kreise seiner Freunde zu Straßburg tot zusammen.

Der Gedanke, die Existenz eines Menschen, der meiner Mutter so lieb gewesen war, fortzusetzen, beschäftigte mich sehr, besonders da mir von seiner Güte so viel erzählt wurde. Als nach der Belagerung von Straßburg die Milch eine Zeitlang sehr knapp war, brachte er jeden Morgen seine Milch einer alten, armen Frau. Nach seinem Tode erzählte diese meiner Mutter, auf welche Weise sie damals jeden Morgen ihre Milch gehabt hatte.

So lange ich zurückblicken kann, habe ich unter dem vielen Elend, das ich in der Welt sah, gelitten. Unbefangene, jugendliche Lebensfreude habe ich eigentlich nie gekannt und glaube, daß es vielen Kinder ebenso ergeht, wenn sie auch äußerlich ganz froh und ganz sorglos scheinen.

Insbesondere litt ich darunter, daß die armen Tiere so viel Schmerz und Not auszustehen haben. Der Anblick eines alten hinkenden Pferdes, das ein Mann hinter sich herzerrte, während ein anderer mit einem Stecken auf es einschlug – es wurde nach Kolmar ins Schlachthaus getrieben –, hat mich wochenlang verfolgt.

Ganz unfaßbar erschien mir – dies war schon, ehe ich in die Schule ging –, daß ich in meinem Abendgebete nur für Menschen beten sollte. Darum, wenn meine Mutter mit mir gebetet und mir den Gutenachtkuß gegeben hatte, betete ich heimlich noch ein von mir selbst verfaßtes Zusatzgebet für alle lebendigen Wesen. Es lautete: «Lieber Gott. Schütze und segne alles, was Odem hat, bewahre es vor allem Übel und laß es ruhig schlafen!»

Einen tiefen Eindruck machte mir ein Erlebnis aus meinem siebenten oder achten Jahre. Heinrich Bräsch und ich hatten uns Schleudern aus Gummischnüren gemacht, mit denen man kleine Steine schleuderte. Es war im Frühjahr, in der Passionszeit. An einem Sonntagmorgen sagte er zu mir: «Komm, jetzt gehen wir in den Rebberg und schießen Vögel.» Dieser Vorschlag war mir schrecklich, aber ich wagte nicht zu widersprechen, aus Angst, er könnte mich auslachen. So kamen wir in die Nähe eines kahlen Baumes, auf dem die Vögel, ohne sich vor uns zu fürchten, lieblich in den Morgen hinaussangen. Sich wie ein jagender Indianer duckend, legte mein Begleiter einen Kiesel in das Leder seiner Schleuder und spannte dieselbe. Seinem gebieterischen Blick gehorchend, tat ich unter furchtbaren Gewissensbissen dasselbe, mir fest gelobend, danebenzuschießen. In demselben Augenblick fingen die Kirchenglocken an, in den Sonnenschein und in den Gesang der Vögel hineinzuläuten. Es war das «Zeichen-Läuten», das dem Hauptläuten eine halbe Stunde voranging. Für mich war es eine Stimme aus dem Himmel. Ich tat die Schleuder weg, scheuchte die Vögel auf, daß sie wegflogen und vor der Schleuder meines Begleiters sicher waren, und floh nach Hause.

Und immer wieder, wenn die Glocken der Passionszeit in Sonnenschein und kahle Bäume hinausklingen, denke ich ergriffen und dankbar daran, wie sie mir damals das Gebot: «Du sollst nicht töten» ins Herz geläutet haben.

Von jenem Tage an habe ich gewagt, mich von der Menschenfurcht zu befreien. Wo meine innerste Überzeugung mit im Spiele war, gab ich jetzt auf die Meinung anderer weniger als vorher. Die Scheu vor dem Ausgelachtwerden durch die Kameraden suchte ich zu verlernen.

Die Art, wie das Gebot, daß wir nicht töten und quälen sollen, an mir arbeitete, ist das große Erlebnis meiner Kindheit und Jugend. Neben ihm verblassen alle anderen.

Als ich noch nicht in die Schule ging, hatten wir einen gelben Hund namens Phylax. Wie manche Hunde konnte er keine Uniformen leiden und ging immer auf den Briefträger los. Also wurde ich angestellt, zur Stunde des Briefträgers Phylax, der bissig war und sich schon an einem Gendarmen vergangen hatte, in Zaum zu halten. Mit einer Gerte trieb ich ihn in einen Winkel des Hofes und ließ ihn nicht heraus, bis der Briefträger wieder fort war. Welch stolzes Gefühl, als Tierbändiger vor dem bellenden und zähnefletschenden Hund zu stehen und ihn mit Schlägen zu meistern, wenn er aus dem Winkel ausbrechen wollte! Aber das stolze Gefühl hielt nicht an. Wenn wir nachher wieder als Freunde beieinander saßen, klagte ich mich an, daß ich ihn geschlagen hatte. Ich wußte, daß ich ihn vom Briefträger auch abhalten könnte, wenn ich ihn beim Halsband faßte und streichelte. Wenn die fatale Stunde aber wieder kam, erlag ich wiederum dem Rausch, Tierbändiger zu sein ...

In den Ferien durfte ich beim Nachbar Fuhrmann sein. Sein Brauner war schon etwas alt und engbrüstig. Er sollte nicht viel traben. In der Fuhrmannsleidenschaft ließ ich mich aber immer wieder hinreißen, ihn mit der Peitsche zum Traben anzutreiben, auch wenn ich wußte und fühlte, daß er müde war. Der Stolz, ein trabendes Pferd zu leiten, betörte mich. Der Mann ließ es zu, «um mir die Freude nicht zu verderben». Aber was wurde aus der Freude, wenn wir nach Hause kamen und ich beim Ausschirren bemerkte, was ich auf dem Wagen nicht so gesehen hatte, wie die Flanken des Tieres arbeiteten! Was nützte es, daß ich ihm in die müden Augen schaute und es stumm um Verzeihung bat? ...

Einmal, ich war damals schon auf dem Gymnasium und in den Weihnachtsferien zu Hause, kutschierte ich im Schlitten. Aus dem Hause des Nachbars Löscher heraus sprang kläffend sein als böse bekannter Hund dem Pferde entgegen. Ich glaubte im Recht zu sein, ihm einen gutgezielten Peitschenschlag zu versetzen, obwohl er sichtlich nur aus Mutwillen auf den Schlitten zukam. Zu gut hatte ich gezielt. Ins Auge getroffen, wälzte er sich heulend im Schnee. Seine klagende Stimme klang mir noch lange nach. Durch Wochen hindurch konnte ich sie nicht los werden.

Zweimal habe ich mit andern Knaben mit der Angel gefischt. Dann verbot mir das Grauen vor der Mißhandlung der aufgespießten Würmer und vor dem Zerreißen der Mäuler der gefangenen Fische, weiter mitzumachen. Ja, ich fand sogar den Mut, andere vom Fischen abzuhalten.

Aus solchen mir das Herz bewegenden und mich oft beschämenden Erlebnissen entstand in mir langsam die unerschütterliche Überzeugung, daß wir Tod und Leid über ein anderes Wesen nur bringen dürfen, wenn eine unentrinnbare Notwendigkeit dafür vorliegt, und daß wir alle das Grausige empfinden müssen, das darin liegt, daß wir aus Gedankenlosigkeit leiden machen und töten. Immer stärker hat mich diese Überzeugung beherrscht. Immer mehr wurde mir gewiß, daß wir im Grunde alle so denken und es nur nicht zu bekennen und zu bestätigen

Das Gymnasium in Mülhausen

wagen, weil wir fürchten, von den anderen als «sentimental» belächelt zu werden, und auch weil wir uns abstumpfen lassen. Ich aber gelobte mir, mich niemals abstumpfen zu lassen und den Vorwurf der Sentimentalität niemals zu fürchten.

In Mülhausen lebte ich beim Onkel Louis und der Tante Sophie, einem kinderlosen alten Ehepaar. Onkel Louis war ein Halbbruder meines Großvaters väterlicherseits und mein Taufpate. In dieser Eigenschaft hatte er sich erboten, mich umsonst für die ganze Gymnasialzeit in seinem Hause zu haben. So ermöglichte er es meinem Vater, mich auf das Gymnasium zu tun. Anders hätte dieser nicht die Mittel dazu gehabt. Was mir Onkel Louis und Tante Sophie, indem sie mich aufnahmen, für eine Wohltat antaten, ermaß ich erst später. Anfangs empfand ich nur die Strenge der Zucht, in die ich kam.

Mein Onkel war Direktor der Elementarschulen von Mülhausen und bewohnte eine etwas düstere Dienstwohnung in der Zentralschule bei der Mariahilfkirche.

Früher, um 1855 herum, wenn ich nicht irre, war er längere Zeit in Neapel gewesen. Dort leitete er die deutsch-französische Schule, die die französische und die deutsche Kolonie damals gemeinsam unterhielten.

Das Leben in dem Hause des Großonkels verlief bis ins kleinste geregelt. Nach dem Mittagessen mußte ich Klavier üben, bis es Zeit war, wieder in die Schule zu gehen. Waren abends die Schulaufgaben gemacht, so mußte ich wieder ans Klavier. «Du weißt nicht, wozu dir die Musik einst im Leben gut sein wird», pflegte die Tante zu sagen, wenn sie mich ans Klavier jagen mußte. Freilich konnte sie nicht ahnen, daß die Musik mir einst mit dazu helfen würde, die Mittel zur Gründung eines Spitals im Urwald zusammenzubringen. Nur die Sonntagnachmittage waren eigentlich der Erholung gewidmet. An diesen machten wir einen Spaziergang. Nachher durfte ich bis zehn Uhr abends meine Lesewut befriedigen.

Meine Lesewut war grenzenlos. Sie geht mir heute noch nach. Ich bin nicht imstande, ein angefangenes Buch aus der Hand zu legen. Eher lese ich die ganze Nacht hindurch. Zum mindesten muß ich es bis zu Ende durchflogen haben. Gefällt es mir, so lese ich es dann gleich zwei oder drei Male hintereinander.

Meiner Tante war dieses «Verschlingen der Bücher», wie sie es nannte, ein Greuel. Sie selber hatte auch die Leseleidenschaft, aber auf eine andere Art. Als ehemalige Lehrerin las sie, wie sie sagte, «um den Stil zu genießen, der die Hauptsache ist». Drei Stunden jeden Abend hatte sie über dem Stricken oder dem Häkeln ein Buch vor, eine Stunde vor dem Abendessen, zwei danach. War der Stil gar zu schön, so verlangsamte sich die Bewegung der Nadeln wie der Gang der Pferde, wenn der Kutscher nicht auf sie achtet. Manchmal entfuhr es ihr: «Oh, dieser Daudet! O dieser Theuriet! Welch ein Stil! Oh, wie kann dieser Victor Hugo beschreiben!»

Bei der Lektüre von Julius Stindes «Familie Buchholtz» liefen ihr vor Lachen die Tränen die Backen herunter. Aber sie blieb darum keine Viertelstunde länger über dem Buche sitzen. Um halb elf Uhr legte sie das Lesezeichen hinein und klappte es zu.

So saßen wir mit unsern verschiedenartigen Leseleidenschaften an demselben Tisch und waren uns gegenseitig ein Rätsel. Ängstlich um meine Bildung besorgt, kontrollierte die Tante, wenn ich schon wieder zu schnell ein

Buch zu Ende hatte. Bald mit Güte, bald mit Autorität, bald mit Sarkasmen suchte sie mich von meinem «Durchschnuppern» der Bücher abzubringen und zu einem mäßigen Lesetempo zu bekehren. Es half alles nichts. Gegen seine Natur kann da keiner etwas machen. Ihre Vorstellungen vermochten mich um so weniger zu erschüttern, als ich überzeugt war, daß man auch beim Verschlingen der Bücher auf den Stil achtet, ja dabei gerade am besten zwischen gut und schlecht geschrieben unterscheiden kann. Erlag ich beim hastigen Lesen der Versuchung, viele Sätze und gar ganze Beschreibungen zu überspringen, so urteilte ich, daß das Buch schlecht geschrieben sei. Wurde ich aber so gefesselt, daß ich nicht anders konnte, als jeden Satz lesen, so dachte ich, der Stil müsse gut sein. So meine ich auch heute noch. Aber ich hütete mich, der Tante meine Weisheit vorzutragen. Ich mußte es vermeiden, sie in der Lesefrage zu irritieren. Sie hatte mich in dieser Sache ja ganz in ihrer Gewalt. Von ihr hing es ab, ob ich eine Viertelstunde mehr oder eine Viertelstunde weniger lesen durfte.

Besonders unsympathisch war ihr, daß ich mich von früh an auf die Zeitungen warf. Ich hatte dafür nur eine Viertelstunde zur Verfügung, nämlich die Zeit, wo der Tisch zum Abendessen gedeckt wurde und ich deshalb die Arbeit an meinen Schulaufgaben unterbrechen mußte. Da griff ich nach der «Straßburger Post», dem «Mülhauser Tagblatt» und der «Neuen Mülhauser Zeitung». Mit der Begründung, daß ich doch nur die Feuilletonromane und die Mordtaten läse, wollte die Tante es unternehmen, mir das Zeitungslesen zu verbieten. Ich aber beteuerte, daß ich mich besonders für die Politik, also für die zeitgenössische Geschichte interessierte. Die Frage – ich mochte etwa elf Jahre alt sein – kam vor den Onkel. «Das wollen wir gleich sehen», sagte er beim Abendessen, «ob der Bub wirklich Politik liest.» Nun fing er an, mich zu examinieren, welche Fürsten auf den Balkanthronen säßen und wie ihre Ministerpräsidenten hießen. Dann mußte ich ihm die Zusammensetzung der drei letzten französischen Ministerien angeben. Zuletzt sollte ich ihm den Inhalt der letzten Reichstagsrede Eugen Richters vortragen. Dieses Examen bei gebratenen Kartoffeln und Salat bestand ich glänzend. Daraufhin wurde der Spruch gefällt, daß ich nicht nur während des Tischdeckens, sondern auch noch nach dem Fertigstellen der Aufgaben in den Zeitungen lesen dürfe, was ich natürlich auch benützte, um mich an den Feuilletonromanen zu erlaben. Aber die Politik war mir wirklich die Hauptsache. Von da an begann der Onkel, mich als Erwachsenen zu behandeln und über dem Essen mit mir von Politik zu reden.

Das Interesse für die öffentlichen Angelegenheiten habe ich von meiner Mutter geerbt. Sie war eine leidenschaftliche Zeitungsleserin. Daß am Tage nach Weihnachten, am Ostermontag und am Pfinstmontag keine Zeitungen gedruckt wurden, hat sie immer verdrossen, obwohl sie eine fromme Frau war und mit Eifer für Feiertagsruhe eintrat.

So habe ich wohl schon von meinem neunten Jahre an die Zeitereignisse mit Eifer verfolgt und denkend miterlebt. Für die frühere Zeit waren mir die Mitteilungen meines Onkels sehr wertvoll.

In dem Hause meines Onkels lebte noch Fräulein Anna Schäffer, die Tochter des Pfarrers von Münster. Sie war als Lehrerin der höheren Töchterschule angestellt. Durch ihr kluges und freundliches Wesen hat sie viel mehr an meiner Erziehung mitgearbeitet, als sie ahnte.

Viel Gutes erfuhr ich im Hause meines Schulkameraden Eduard Ostier. Seine Mutter war eine hervorragende Frau. Eine Reihe von Jahren verbrachte Ostier die Pfingstferien bei uns in Günsbach.

Auch im Hause des Pfarrers Matthieu ging ich ein und aus. Sein Sohn, eine eigenartige und bedeutende Persönlichkeit, war mit mir in der Schule. Wie ich, studierte er später Theologie. Er wirkte als Religionslehrer an den höheren Knabenschulen in Zürich. Der Vater Matthieu war außerordentlich gelehrt und belesen.

Außer in diesen beiden Häusern verkehrte ich eigentlich nirgends. Meine Tante war nicht für das «Draußenherumlaufen».

In den ersten Jahren zu Mülhausen litt ich sehr darunter, von der Natur abgeschnitten zu sein. Einmal, an einem sonnigen Märztage, als der letzte Schnee schmolz, blickte ich von dem Tisch, auf welchem ich nach dem Vieruhrbrote meine Schulaufgaben zu erledigen begann, sehnsüchtig zum Fenster hinaus. Meine Tante, die gerade bügelte, muß empfunden haben, was in mir vorging. Ich meinte, nicht recht zu hören, als sie sagte: «Komm, ich führ' dich etwas spazieren!» Über die Brücke des Kanals, auf dem noch Eisblöcke schwammen, ging's zum Rebberg hinauf. Die Tante drängte nicht zur Heimkehr. Erst als es ganz dunkel wurde, ging es nach Hause. Viel geredet haben wir nicht miteinander. Aber von jenem Tage an stand ich ganz anders zu ihr als vorher. Ich wußte jetzt, daß die Frau, die mich so streng, ja manchmal pedantisch streng erzog, Herz hatte und meine Sehnsucht verstand.

Als ich größer wurde, erlaubte man mir dann, an den schulfreien Mittwoch- und Samstagnachmittagen allein spazierenzugehen. Immer ging ich auf die Höhen, die Mülhausen im Süden so schön umrahmen, und schaute sehnsüchtig nach den Bergen in der Gegend des Münsterlandes aus. Oft traf ich auf der Höhe einen Greis, der den Hut in der Hand trug und sein weißes Haar im Winde flattern ließ. Ich kannte ihn von der Kanzel her. Es war Adolf Stöber, der elsässische Dichter, der als Pfarrer in Mülhausen wirkte. Gewöhnlich trug er einen Strauß Feldblumen nach Hause. Mit der Zeit behandelte er mich als Bekannten und ließ mich ein Stückchen mit ihm gehen. Mit einem leibhaftigen Dichter zusammen zu sein, erfüllte mich mit Stolz.

Auf dem Rebberg hatte Frau Ostier, die Mutter meines Schulkameraden, einen großen Garten. Wieviel schöne Stunden habe ich darin erlebt!

Ein guter Schüler war ich anfänglich auch in Mülhausen nicht. Ich war noch zu sehr verträumt. Meine schlechten Zeugnisse bereiteten meinen Eltern viel Kummer, ohne daß ich die Energie fand, mich zu besseren Leistungen aufzuraffen. Die Freistelle, die ich als Pfarrerssohn hatte, sollte mir genommen werden. Mein Vater wurde zum Direktor geladen, der ihm sogar andeutete, daß es vielleicht am besten wäre, wenn er mich vom Gymnasium nähme. Und ich in meiner Verträumtheit gab mir keine Rechenschaft von der Sorge, die ich ihm bereitete! Nur wunderte ich mich, daß er mich eigentlich nicht schalt. Er war zu gut und zu traurig zum Schelten.

Da erschien mir ein Retter in der Gestalt eines neuen Klassenlehrers. Er hieß Dr. Wehmann. So viel wurde mir in meiner Verträumtheit gleich in den ersten Tagen klar: Dieser Lehrer hatte jede Stunde sorgfältig vorbereitet. Er wußte genau, wie viel er darin durchnehmen wollte und wurde immer gerade damit fertig. Und die Hefte mit den Reinarbeiten gab er immer pünktlich auf den fälligen Tag und zur fälligen Stunde zurück. Diese miterlebte Selbstdisziplin wirkte auf mich. Ich hätte mich geschämt, diesem Lehrer zu mißfallen. Er wurde mein Vorbild. Nach drei Monaten, beim Osterzeugnis in Quarta, gehörte ich schon zu den besseren Schülern, während das Weihnachtszeugnis noch so schlecht gewesen war, daß meine Mutter die ganzen Weihnachtsferien mit verweinten Augen herumgegangen war. Als Herr Wehmann später von Mülhausen nach Thann und nach Saargemünd und Straßburg kam, suchte ich ihn noch immer auf. Er wußte, wieviel ich ihm verdankte. Bei meiner Rückkehr aus Afrika am Ende des Krieges galt einer meiner ersten Gänge ihm. Ich traf ihn nicht mehr an. Durch das Hungern nervenkrank geworden, hatte er, wie man mir erzählte, sich das Leben genommen. Daß tiefes und bis ins kleinste gehendes Pflichtbewußtsein die große erzieherische Kraft ist und vollbringt, was keine Reden und keine Strafen ausrichten können, ist mir durch ihn eine Lehre geworden, die ich in meinem Wirken als Erzieher zu betätigen versuchte.

Auch meinem Musiklehrer in Mülhausen habe ich anfangs wenig Freude gemacht. Er war der eben von der Berliner Hochschule für Musik gekommene Organist der reformierten Stephanskirche, Eugen Münch. «Albert Schweitzer ist meine Qual», pflegte er zu sagen. Dies kam einerseits daher, daß ich in den mir von der Tante auferlegten Übungsstücken vom Blatt spielte und improvisierte, statt die aufgegebenen Stücke zu studieren, andererseits aber auch daher, daß ich mich scheute, vor meinem Lehrer mit Empfindung zu spielen. Ich brachte es nicht über mich, ihm preiszugeben, was ich in einem schönen Musikstück erlebte. Vielen Musikschülern geht es wohl ebenso. So erzürnte ich ihn mit meinem «hölzernen Spiel». Als ich ihm in solcher Befangenheit wieder eine, noch dazu schlecht geübte Sonate von Mozart heruntergeleiert hatte, schlug er mißmutig das kurze Lied ohne Worte in E-Dur von Mendelssohn-Bartholdy vor mir auf. «Eigentlich bist du nicht wert, daß man dir schöne Musik zu spielen gibt. So wirst du mir auch dieses Lied ohne Worte versudeln. Wenn einer halt kein Gefühl hat, so kann ich ihm auch keines geben.» «Oho», dachte ich bei mir selbst, «dir will ich doch zeigen, daß ich Gefühl habe.» Die ganze Woche übte ich eifrig an dem Stück, das ich schon so oft vom Blatt gespielt hatte. Ich probierte sogar, wozu man mich bisher nie gebracht hatte, die besten Fingersätze aus und schrieb sie auf. In der nächsten Stunde, als ich die Fingerübungen und die Etüde glücklich hinter mir hatte, gab ich mir einen Ruck und spielte das Lied ohne Worte so, wie ich's im Herzen spürte. Mein Lehrer sagte nicht viel, sondern schlug mir nur fest auf die Schulter und spielte mir selber ein neues Lied ohne Worte vor. Dann bekam ich ein Stück von Beethoven auf. Nach einigen Stunden wurde ich würdig befunden, mit Bach anfangen zu dürfen. Und wieder einige Stunden später wurde mir eröffnet, nach meiner Konfirmation dürfte ich auf der großen schönen Orgel der Stephanskirche Orgelunterricht nehmen. Damit ging ein im stillen gehegter Traum in Erfüllung. Denn meine Sehnsucht war von jeher auf die Orgel gerichtet. Sie lag mir im Blute. Mein Großvater mütterlicherseits, Pfarrer Schillinger aus Mühlbach, hatte sich viel mit der Orgel und Orgelbau beschäftigt. Kam er in eine fremde Stadt, so besah er zuerst die Orgeln. Als die berühmte Orgel in der Stiftskirche zu Luzern gebaut wurde, reiste er dorthin und war ganze Tage lang auf der Empore, um den Bau zu verfolgen und das Meisterwerk des Orgelbauers Haas zu probieren. Er soll sehr schön improvisiert haben. Auch mein Vater besaß diese Gabe. Stundenlang habe ich ihm als Kind zugehört, wenn er abends in der Dämmerung auf dem alten Tafelklavier, das vom Großvater Schillinger stammte, phantasierte. Bachsche Musik hat er aber nie gemocht.

Durch die Freundlichkeit des Vaters Iltis, und weil er einen Ersatzmann gut brauchen konnte, war ich schon als Knabe auf die Orgel der Günsbacher Kirche gekommen. Bereits mit neun Jahren vertrat ich ihn im Gottesdienst. Nun aber, mit fünfzehn Jahren, durfte ich das kunstgerechte Pedalspiel auf einer Orgel von drei Klavieren und zweiundsechzig Registern bei einem großen Orgelmeister, denn ein solcher war Eugen Münch, erlernen! Fast konnte ich mein Glück nicht fassen. Mit sechzehn Jahren durfte ich dann Eugen Münch in den Gottesdiensten vertreten. Bald darauf saß ich zum erstenmal in einem Konzert vor der Orgel. Mein Lehrer vertraute mir die Orgelbegleitung des Brahmsschen Requiems an, das er mit dem Chor der Kirche aufführte. Damals kannte ich zum ersten Male die Wonne, die ich seither so oft durchgekostet habe, die Orgel in den Klang von Orchester und Chor hineinfluten zu lassen.

Leider ist die schöne alte Orgel der Stephanskirche zu

Mülhausen nach dem Tode Eugen Münchs in einer so barbarischen Weise restauriert und modernisiert worden, daß ihr der wundervolle Klang, den sie damals besaß, vollständig verlorengegangen ist.

Für den Konfirmandenunterricht wurde ich zum alten Pfarrer Wennagel getan. Ich hatte große Ehrfurcht vor ihm. Aber auch ihm gegenüber verschloß ich mich. Ich war ein fleißiger Konfirmandenschüler. Nie jedoch hat der gute Pfarrer geahnt, was mein Herz bewegte. Und auf so vieles, was mein Gemüt beschäftigte, gab mir sein an sich gediegener Unterricht keine Antwort. Wie manche Frage hätte ich ihm gerne gestellt! Aber man durfte es nicht.

In einem Punkte, dies fühlte ich klar, dachte ich anders als er, bei aller Verehrung, die ich ihm entgegenbrachte. Er wollte uns begreiflich machen, daß vor dem Glauben alles Nachdenken verstummen müsse. Ich aber war überzeugt, und ich bin es noch, daß die Wahrheit der Grundgedanken des Christentums sich gerade im Nachdenken zu bewähren habe. Das Denken, sagte ich mir, ist uns gegeben, daß wir darin alle, auch die erhabensten Gedanken der Religion begreifen. Diese Gewißheit erfüllte mich mit Freude.

In den letzten Wochen des Unterrichts behielt Pfarrer Wennagel nach jeder Stunde einige von uns zurück, um mit jedem unter vier Augen über die Konfirmation zu reden. Als die Reihe an mich kam und er in liebevollem Fragen von mir erfahren wollte, mit welchen Gedanken und Entschlüssen ich der heiligen Stunde entgegenginge, fing ich an, zu stottern und ausweichend zu antworten. Es war mir unmöglich, so gern ich ihn hatte, ihn in mein Herz blicken zu lassen. Die Unterhaltung nahm ein trauriges Ende. Ich wurde kühl entlassen. Bekümmert sagte Pfarrer Wennagel nachher zu meiner Tante, daß ich als ein Gleichgültiger zur Konfirmation gehe. In Wirklichkeit aber war ich in jenen Wochen von der Heiligkeit der Zeit so bewegt, daß ich mich fast krank fühlte. Die Konfirmation war ein großes Erlebnis für mich. Als unsere Schar am Palmsonntag aus der Sakristei in die Kirche trat, spielte Eugen Münch auf der Orgel «Hoch tut euch auf» aus dem Messias von Händel. Wunderbar stimmte dies zu den Gedanken in meinem Herzen.

Als Vikar von St. Nikolai in Straßburg habe ich an die zehn Jahre lang Knaben Konfirmandenunterricht erteilt. Wie oft habe ich da, wenn mir einer gleichgültig schien, an den lieben Pfarrer Wennagel und an mich denken müssen und mir dann immer gesagt, daß in einem Kinderherzen viel mehr vorgeht, als es ahnen läßt! Auch suchte ich in meinem Unterricht dafür Sorge zu tragen, daß die Knaben mit dem, was sie bewegte, an mich herankommen konnten. Zweimal im Monat war ein Teil der Stunde den Fragen gewidmet, die sie mir vorlegten.

Viel litt ich in den ersten Jahren in Mülhausen an Heimweh nach der Kirche zu Günsbach. Mir fehlten die Predigten meines Vaters und der mir von Kindheit an vertraute Gottesdienst. Die Predigten meines Vaters machten einen großen Eindruck auf mich, weil ich bemerkte, wie vieles von dem, was er auf der Kanzel sagte, mit seinem Erleben zusammenhing. Es ging mir auf, welche Anstrengung, ja welchen Kampf es für ihn bedeutete, den Leuten allsonntäglich sein Herz preiszugeben. Deutlich erinnere ich mich an Predigten, die ich von ihm gehört habe, während ich noch in die Dorfschule ging.

Albert Schweitzer im Ornat

Am liebsten waren mir die Nachmittagsgottesdienste, von denen ich kaum je einen verfehlt habe, wenn ich in Günsbach war. In diesen intimen Andachten kam die schlichte Predigtweise meines Vaters so recht zur Geltung. Und die Wehmut, daß der Feiertag dem Ende zuging, gab diesen Gottesdiensten eine ganz eigenartige Weihe.

Aus den Gottesdiensten, an denen ich als Kind teilnahm, habe ich den Sinn für das Feierliche und das Bedürfnis nach Stille und Sammlung mit ins Leben genommen, ohne die ich mir mein Dasein nicht denken kann. Darum vermag ich der Meinung derer nicht beizutreten, die die Jugend am Gottesdienste der Erwachsenen nicht teilnehmen lassen wollen, ehe sie etwas davon versteht. Es kommt gar nicht auf ein Verstehen an, sondern auf das Erleben des Feierlichen. Daß das Kind die Erwachsenen andächtig sieht und von ihrer Andacht mit ergriffen wird: Dies ist es, was für es bedeutungsvoll ist.

Auf die Nachmittagsgottesdienste zu Günsbach geht auch mein Interesse für Mission zurück. An jedem ersten Sonntag des Monats hielt mein Vater nachmittags einen Missionsgottesdienst ab. In diesem erzählte er von dem Leben und Wirken der Missionare. Eine Reihe von Sonntagen las er uns einmal die Memoiren des Bassutomissionars Casalis vor, die er zu diesem Zwecke aus dem Französischen übersetzt hatte. Sie machten mir einen großen Eindruck.

Neben Casalis war es der aus Kolmar stammende Bildhauer Bartholdi, der Schöpfer der Freiheitsgöttin am Eingang des Hafens von New York, der meinen kindlichen Gedanken die Richtung in die Ferne gab. An seinem Denkmal des Admirals Bruat, auf dem Marsfeld in Kol-

Die Familie Schweitzer im Jahr 1889

mar, ist ein Neger in Stein gehauen, der wohl zu dem Eindrucksvollsten gehört, was sein Meißel geschaffen hat. Eine herkulische Gestalt mit einem sinnenden, traurigen Ausdruck im Gesicht. Dieser Neger beschäftigte mich sehr. So oft wir nach Kolmar kamen, suchte ich Gelegenheit, ihn zu beschauen. Sein Antlitz sprach mir von dem Elend des dunklen Erdteils. Noch heute pilgere ich zu ihm hin, wenn ich in Kolmar bin.

In dem Heimweh nach den Günsbacher Sonntagen, wie ich es zu Mülhausen erlebt, spielte auch der gottesdienstliche Raum eine Rolle. Die schöne neue Mülhauser Kirche kam mir furchtbar nüchtern vor, weil sie keinen Chorraum hatte. In der Günsbacher Kirche aber konnte sich mein andächtiges Träumen in einem katholischen Chor ergehen. Sie diente nämlich zugleich dem protestantischen und dem katholischen Kult.

Als das Elsaß durch Ludwig XIV. französisch wurde, bestimmte dieser, um die Protestanten zu demütigen, daß in den protestantischen Dörfern, in denen zum mindesten sieben katholische Familien wohnten, den Katholiken der Chor eingeräumt werden müsste. Allsonntäglich sollte ihnen die Kirche zu bestimmten Stunden für ihren Gottesdienst zur Verfügung stehen. So kommt es, daß eine Reihe von elsässischen Kirchen protestantisch und katholisch zugleich sind. In der zweiten Hälfte des 19. Jahrhunderts ist ihre Zahl dadurch etwas zurückgegangen, daß manche Gemeinden sich entschlossen, den Katholiken eine besondere Kirche zu erbauen. Zu Günsbach aber und anderswo ist die protestantisch-katholische Kirche bis auf den heutigen Tag bestehen geblieben.

Der katholische Chor, in den ich hineinschaute, war für meine kindliche Phantasie der Inbegriff der Herrlichkeit.

Ein goldfarben angestrichener Altar mit mächtigen Sträußen künstlicher Blumen darauf; große metallene Leuchter mit majestätischen Kerzen; an der Wand, über dem Altar, zwischen den beiden Fenstern, zwei große goldfarbene Statuen, die für mich Joseph und die Jungfrau Maria bedeuteten; dies alles umflutet von dem Lichte, das durch die Chorfenster kam; und durch die Chorfenster hindurch schaute man auf Bäume, Dächer, Wolken und Himmel hinaus, auf Welt, die den Chor der Kirche in die unendliche Ferne fortsetzte und mit dem Scheine der Verklärung umflossen war. So wanderte mein Blick aus der Endlichkeit in die Unendlichkeit. Stille und Friede überkamen meine Seele.

Mit diesen Jugenderinnerungen hängt es zusammen, daß ich den Bemühungen um einen protestantischen Kirchentypus kein Verständnis entgegenbringe. Wenn ich Kirchen sehe, in denen moderne Architekten das Ideal der «Predigtkirche» verwirklichen wollten, wird mir weh ums Herz. Eine Kirche ist viel mehr als ein Raum, in dem man eine Predigt anhört. Sie ist ein Ort der Andacht. An sich, als Raum, muß sie zur Andacht anhalten. Das kann sie aber nicht, wenn der Blick ringsum auf Mauern aufprallt. Das Auge bedarf stimmungsvoller Ferne, in der das äußerliche Schauen sich zum innerlichen wandelt. Der Chor ist also nicht etwas Katholisches, sondern er gehört zum Wesen der Kirche überhaupt. Ist der protestantische Gottesdienst naturgemäß nüchtern, so darf es der kirchliche Raum nicht auch noch sein. Er muß den Gottesdienst ergänzen und mit Wort, Gesang und Gebet der Seele zum Erlebnis werden.

Noch eins habe ich aus der zugleich protestantischen und katholischen Kirche mit ins Leben hinausgenommen: religiöse Versöhnlichkeit. Die aus einer Herrscherlaune Ludwigs XIV. entstandene protestantisch-katholische Kirche ist mir mehr als eine merkwürdig geschichtliche Erscheinung. Sie gilt mir als Symbol dafür, daß die konfessionellen Unterschiede etwas sind, das bestimmt ist, einmal zu verschwinden. Als Kind schon empfand ich es als etwas Schönes, daß in unserem Dorfe Katholiken und Protestanten in derselben Kirche Gottesdienste feierten. Noch heute erfüllt es mich mit Freude jedesmal, wenn ich den Fuß in sie hineinsetze. Ich möchte wünschen, daß alle noch beiden Konfessionen gemeinschaftlichen Kirchen des Elsasses als solche erhalten blieben, als eine Prophezeiung und eine Mahnung auf eine Zukunft der religiösen Eintracht, auf die wir den Sinn gerichtet halten müssen, wenn wir wahrhaft Christen sind.

Die Schwierigkeiten, die durch den gemeinsamen Besitz der Kirche gegeben sind, lassen sich, wie die Erfahrungen im Elsaß zeigen, bei einigem guten Willen von beiden Seiten in befriedigender Weise lösen. Freilich, wenn gerade zwei etwas hitzköpfige Seelenhirten sich in das Gotteshaus zu teilen haben, kann es geschehen, daß dieses Gemeinsame nicht zur Eintracht erzieht, sondern Stoff zu Unfrieden abgibt. So kam es im 18. Jahrhundert in einem Dorfe des Unterelsasses einmal vor, daß an einem Pfingstmontag der protestantische Pfarrer seine Predigt hielt, während der katholische die Messe las. Sie hatten sich über die Stunden der Benutzung der Kirche nicht einigen können.

Der Altar, dessen goldene Pracht ich einst bestaunte, ist nicht mehr da. Auf die Initiative eines kunstverständigen katholischen Pfarrers von Münster hin hat er einem stilvollen Hochaltar weichen müssen. Maria und Joseph,

Blick auf Günsbach

weil sie durch ihn verdeckt worden wären, stehen nicht mehr lichtumflossen zwischen den Chorfenstern. Ihr Platz ist jetzt zwischen den Seitenwänden des Chors. Statt miteinander wie vordem segnend in die Kirche hineinzuschauen, stehen sie einander gegenüber und betrachten sich gegenseitig. Maria leuchtet nicht mehr in vornehmem Goldglanze, sondern hat sich, dem auferlegten Stil entsprechend, in Rot und Grün und Blau kleiden müssen.

Wenn ich jetzt in der Kirche zu Günsbach sitze, schließe ich die Augen, um den Chor in der schlichten Herrlichkeit zu sehen, in der er mich einstens entzückte. Für meinen in der Vergangenheit weilenden Blick sind dann in der Kirche auch Gestalten gegenwärtig, die einstens da waren, jetzt aber nicht mehr da sind, weil man sie auf den Friedhof hinausgetragen hat. Die Erinnerung an die Toten, die einst mit uns Andacht hielten, gehört für mich zum Ergreifendsten an den Gottesdiensten in der heimatlichen Dorfkirche. Wie saßen sie da, die Männer alle in Schwarz, die Frauen in der schlichten alten Münstertälertracht! Wie viel feierlicher waren sie in Kleidung, Haltung und Wesen als wir, das neue Geschlecht!

Einer von diesen Alten – Mitschi mit Namen – war so taub, daß er kein Wort von der Predigt verstehen konnte. Aber allsonntäglich saß er an seinem Platze. Als ihn mein Vater einst bedauerte, daß er ohne zu hören am Gottesdienst teilnehmen müsse, schüttelte er lächelnd den Kopf und sagte: «Gemeinschaft der Heiligen, Herr Pfarrer, Gemeinschaft der Heiligen.»

Nachdem ich einmal durch das Verdienst von Doktor Wehmann meine Verträumtheit abgelegt hatte, blieb ich ein guter Schüler, ohne gerade immer unter den ersten zu sitzen. Wirkliche Begabung hatte ich eigentlich nur für Geschichte. In den Sprachen und in Mathematik leistete ich nur soviel, als dem von mir darauf verwandten Fleiß entsprach. Die Geschichte aber beherrschte ich ohne jegliche Anstrengung. Dabei tat mir meine Lesewut, die sich im Laufe der Zeiten auf geschichtliche Werke konzentriert hatte, große Dienste. Zum Glück für mich war Professor Kaufmann, der Geschichte unterrichtete, ein bedeutender Forscher in seinem Fach. In den höheren Klassen behandelte er mich mehr als Freund denn als Schüler. Bis zu seinem Tode bin ich in steter Verbindung mit ihm geblieben. Neben der Geschichte war es der naturwissenschaftliche Unterricht, der mich am meisten fesselte. Wir hatten darin einen sehr tüchtigen Lehrer, Doktor Förster. Zwar war er in Physik und Chemie keineswegs hervorragend. Sein Fach war Geologie. Einstmals erhielt er einen längeren Urlaub, um eine geologische Aufgabe auf Sumatra, wenn ich nicht irre, zu erledigen.

Wenn er an der Tafel chemische oder physikalische Formeln entwickelte, merkte man gut, daß er sie selber für diese Stunde eingelernt hatte. Aber das nahm ihm nichts von seiner Autorität. Sein Unterricht war gut, weil er gut vorbereitet war. Leider aber war die Zahl der den Naturwissenschaften gewidmeten Stunden auf dem Gymnasium damals viel zu klein.

Der naturwissenschaftliche Unterricht hatte für mich etwas eigentümlich Aufregendes. Ich wurde das Empfinden nicht los, daß man uns nicht genug sagte, wie wenig man von dem, was in der Natur vorgeht, auch wirklich versteht. Gegen die naturwissenschaftlichen Schulbücher hatte ich geradezu einen Haß. Ihre zuversichtlichen, auf das Auswendiglernen zugeschnittenen Erklärungen – die, wie ich schon merkte, bereits auch etwas veraltet waren – befriedigten mich in keiner Weise. Es erschien mir lächerlich, daß der Wind, der Regen, der Schnee, der Hagel, die Entstehung der Wolken, die Selbstentzündung des Heues, die Passatwinde, der Golfstrom, Donner und Blitz ihre Erklärung gefunden haben sollten. Ein besonderes Rätsel war mir immer die Bildung des Regentropfens, der Schneeflocke und des Hagelkornes. Es verletzte mich, daß man das absolut Geheimnisvolle der Natur nicht anerkannte und zuversichtlich von Erklärung sprach, wo man es in Wirklichkeit nur zu tiefer eindringenden Beschreibungen gebracht hatte, die das Geheimnisvolle nur noch geheimnisvoller machten. Schon damals wurde mir klar, daß uns das, was wir als Kraft und als «Leben» bezeichnen, seinem eigentlichen Wesen nach immer unerklärlich bleibt.

So fing ich an, in ein Träumen über die tausend Wunder, die uns umgeben, zu geraten. Zum Glück hielt es mich nicht wie das frühere gedankenlose Träumen von der Schularbeit ab. Es beherrscht mich noch heute und nimmt immer zu. Wenn ich über dem Essen in einer Wasserkaraffe das in seine Farben gebrochene Licht erblicke, bin ich imstande, alles um mich herum zu vergessen. Ich komme von dem Anblick nicht mehr los.

So gingen die Liebe für die Geschichte und die für die Naturwissenschaft bei mir Hand in Hand. Nach und nach erkannte ich, daß auch das geschichtliche Geschehen voller Rätsel ist und daß wir es für immer aufgeben müssen, die Vergangenheit wirklich zu verstehen. Auch hier ist uns nur ein mehr oder weniger eindringendes Beschreiben beschieden.

Unausstehlich waren mir vom ersten bis zum letzten Schuljahr die Stunden, in denen Gedichte «durchgenommen» wurden. Daß mir ein Gedicht nahegebracht werden sollte, indem man es erklärte, empfand ich als etwas Häßliches und Unsinniges. Mit dem, was man dazuredete, zerstörte man mir ja nur die Ergriffenheit, in die mich das Werk des Dichters versetzt hatte. An einem Gedicht, so meine ich auch heute noch, ist nichts zu erklären. Man muß es erleben. Darum war ich in diesen Stunden ein sehr unaufmerksamer, ja geradezu aufsässiger Schüler. Statt dem Unterricht zu folgen, las ich im Schulbuche herum und berauschte mich, ohne Führer, an den Gedichten und Lesestücken, die mich darin besonders anzogen. Ich hatte das Gefühl, die Fensterläden gegen den Straßenlärm geschlossen zu haben.

Homer ließ mich kalt. Vollends verekelte man ihn uns damit, daß man immer wissen sollte, wer die Eltern, Großeltern, Onkel, Tanten und Vettern der betreffenden Helden, Götter und Göttinnen gewesen waren. Genealogien und Verwandtschaften waren nie meine Sache.

Von meinem vierzehnten bis etwa zum sechzehnten Jahr machte ich eine üble Phase durch. Ich wurde allen Menschen, besonders aber meinem Vater, durch einen Drang zum Diskutieren unausstehlich. Mit jedem Menschen, der mir in den Weg geriet, wollte ich über die Fragen, die gerade berührt wurden, eingehende und vernunftgemäße Überlegungen anstellen, um dabei die Irrtümer der Gewohnheitsmeinungen aufzudecken und das Richtige zur Geltung zu bringen. Die Freude an dem Suchen nach dem Wahren und Zweckmäßigen war wie ein Rausch über mich gekommen. Jedes Gespräch, an dem ich beteiligt war, sollte auf den Grund der Dinge gehen. So trat ich aus meiner bisherigen Verschlossenheit heraus und wurde der Störenfried jeglicher Unterhaltung, die nur Unterhaltung sein wollte. Wie viele Tischgespräche zu Mülhausen und zu Günsbach habe ich in ein böses Fahrwasser gebracht! Die Tante schalt mich frech, weil ich mich mit den Erwachsenen auseinandersetzen wollte, als wären sie meine Altersgenossen. Gingen wir irgendwo auf Besuch, so mußte ich meinem Vater versprechen, ihm den Tag ja nicht durch «dummes Benehmen bei Gesprächen» zu verderben.

Tatsächlich war ich so unausstehlich, wie ein halbwegs gut erzogener Mensch nur sein kann. Aber es war keine einfache Rechthaberei, die mich so werden ließ, sondern ein leidenschaftliches Bedürfnis zu denken und mit andern Menschen nach dem Wahren und Zweckmäßigen zu suchen. Der Aufklärungsgeist des Großvaters Schillinger war in mir erwacht. Die Überzeugung, daß der Fortschritt der Menschheit nur dadurch möglich wird, daß das Vernunftgemäße an die Stelle der Meinungen und der Gedankenlosigkeit tritt, hatte von mir Besitz ergriffen und äußerte sich vorerst in stürmischer und unangenehmer Weise.

Nach dieser üblen Gärung klärte sich der Wein. Eigentlich bin ich geblieben, was ich damals wurde. Klar habe ich gefühlt, daß, wenn ich von meinem Enthusiasmus für das im Denken erkannte Wahre und Zweckmäßige abließe, ich mich damit selber aufgeben würde. So bin ich eigentlich noch so unausstehlich wie damals. Nur suche ich es, so gut ich kann, mit der im Umgang erforderlichen Gesittung zu vereinigen, um den Menschen nicht lästig zu fallen. Ich habe mich darunter gebeugt, an Gesprächen teilzunehmen, die nur Gespräche sind, und Gedankenlosigkeiten anzuhören, ohne mich dagegen aufzulehnen. Meine angeborene Verschlossenheit hat mitgeholfen, daß ich mir wieder dieses Verhalten des wohlerzogenen Menschen aneignete.

Aber wie oft bäume ich mich innerlich auf! Was leide ich darunter, daß wir Menschen so viele Zeit des Zusammenseins unnütz miteinander zubringen, statt uns in ernster Weise über ernste Dinge zu besprechen und uns einander als strebende, leidende, hoffende und glaubende Menschen zu erkennen zu geben! Oft empfinde ich es geradezu als schlecht, so in der Maske dazusitzen. Gar manchmal frage ich mich, wie weit man mit dieser Wohlerzogenheit gehen darf, ohne Schaden an der Wahrhaftigkeit zu nehmen.

Treffe ich auf Menschen, mit denen man sich als denkender Mensch auseinandersetzen darf, so genieße ich sie mit Leidenschaft, als wäre ich so jung wie damals. Kommt mir aber gar ein junger ernster Diskutierer in den Weg, so gebe ich mich zu fröhlichem Fechten her, bei dem der Altersunterschied im Guten wie im Bösen außer Geltung gesetzt ist.

Den tiefsten Eindruck auf dem Gymnasium empfing ich von dem Direktor Wilhelm Deecke, der nach Mülhausen kam, als ich in die höheren Klassen aufrückte. Seine etwas steife Art – er war Lübecker – mutete uns anfangs zwar fremdartig an. Aber wir gewöhnten uns bald daran.

Deecke war ein hervorragender Schulmann, ein universell gebildeter Philologe und ein tiefer Mensch. Man fühlte ihm an, daß er uns nicht nur Wissen beibringen, sondern uns auch zu Menschen erziehen wollte. Dunkel wußten wir, daß er sich durch freimütige Äußerungen das Mißfallen des Statthalters General von Manteuffel zugezogen hatte und dies mit Zurücksetzung büßen mußte. Die Stelle am Gymnasium zu Mülhausen war eigentlich eine Verbannung für ihn. Daß er dabei immer heiter war und sich in den Schulstunden ganz ausgab, wo er doch so viel höhere Sachen im Kopfe trug, erfüllte uns mit Bewunderung. Er war für uns ein Stoiker im modernen Gewande. Daß er mit dem Dichter Geibel, mit dem Historiker Mommsen und anderen Berühmtheiten befreundet war und als eine Autorität in altgriechischen Inschriften und in etruskischen Dingen galt, gab ihm noch besonderes Ansehen unter uns. Den Unterricht würzte er dadurch, daß er in Zwischenerörterungen Ausblicke auf alle möglichen Gegenstände und Fragen bot, die sich mit dem behandelten Stoff irgendwie berührten. Unvergeßlich sind mir die Stunden, in denen er mit uns Plato las und uns dabei mit der Philosophie überhaupt bekannt machte. Seine Vorliebe galt Arthur Schopenhauer.

Kurze Zeit, nachdem wir das Gymnasium verlassen hatten, als man sich gerade anschickte, ihm Gerechtigkeit widerfahren zu lassen, starb er an einem Magenkrebs.

Längere Zeit lag ein Schatten auf meiner sonst so sonnigen Jugend. In dem Pfarrhaus mit den fünf Kindern herrschten Geldsorgen. Meine Mutter sparte an allen Ekken und Enden. Ich selber setzte meinen Stolz darein, in Mülhausen so wenig wie möglich zu brauchen. Als meine Mutter einmal im Herbst meinte, mein Winteranzug müsse mir zu klein geworden sein und ich brauche einen neuen, verneinte ich es. Da ich ihn aber wirklich nicht mehr tragen konnte, lief ich im Winter in meinem gelben Sommeranzug herum. Meine Tante ließ es geschehen, denn sie war für Abhärtung. Aber von den Schulkameraden unter die Hungerleider, die sich nichts leisten können, klassiert zu werden, war etwas, was ich in meiner knabenhaften Eitelkeit nur ertrug, um meiner Mutter Sorge abzunehmen.

Um zu sparen – sie hat es mir später erzählt –, kochte meine Mutter statt mit Butter mit Pflanzenfett. Dieses wurde in den achtziger Jahren noch nicht so untadelig hergestellt wie später, sondern hatte oft einen unangenehmen Nachgeschmack. Der Verwendung des Pflanzenfettes schrieb meine Mutter es zu, daß mein Vater in jener Zeit magenleidend wurde. Ein Gelenkrheumatismus, den er sich in einem feuchten Bett in Straßburg holte, brachte ihn noch mehr herunter. So kamen traurige Wochen und Monate über unser Haus. Die verweinten Augen meiner Mutter aus jener Zeit bleiben mir immer in Erinnerung.

Zur Zeit meiner Konfirmation fing die Gesundheit meines Vaters an, sich zu bessern. Viel trug dazu der Umstand bei, daß wir das alte, etwas feuchte, ringsum von Gebäuden eingeschlossene Pfarrhaus gegen ein neues, auf einen sonnigen Garten gehendes vertauschen durften. Dieses Haus, das wir Ende der achtziger Jahre bezogen, war ein altes Haus, das Herr Adolph Müller, der Sohn eines ehemaligen Günsbacher Pfarrers, als er sich aus der Ingenieurlaufbahn nach seinem Heimatdorfe zurückzog, für sich umgebaut und sehr wohnlich und praktisch eingerichtet hatte. Bei seinem Tode überließ er es der Gemeinde als Pfarrhaus. Im Kriege waren seine aus der Mitte des 19. Jahrhunderts stammenden, massiv gemauerten Keller der ganzen Nachbarschaft eine Zufluchtstätte gegen Bomben.

Mit zunehmendem Alter ist mein Vater dann immer rüstiger geworden. Als Siebenzigjähriger versorgte er seine Gemeinde im Kriege unter dem Feuer der feindlichen Geschütze und versieht jetzt noch, hoch in den Siebenzigern, sein Pfarramt, nun bald an die fünfzig Jahre in Günsbach wirkend. Meine Mutter wurde während des Krieges auf der Straße von Günsbach nach Weier im Tal von Militärpferden überrannt und getötet. Auch die schwersten Geldsorgen wurden mit der Zeit von uns genommen. Eine entfernte, kinderlose Verwandte meiner Mutter, eine Frau Fabian aus Wasselnheim, hinterließ uns ihr kleines Vermögen.

So lag in den letzten Jahren, in denen ich auf der Schule war, wieder voller Sonnenschein über meinem Vaterhaus. Wir waren alle gesund und lebten in schönster Eintracht miteinander. Das Verhältnis zwischen Eltern und Kindern war ein ideales, dank dem großen Verständnis, das die Eltern uns in allen Dingen, selbst in unseren Torheiten, entgegenbrachten. Sie erzogen uns zur Freiheit. Niemals, seitdem ich das leidige Diskutieren aufgegeben hatte, war in unserem Hause etwas von der Spannung zwischen dem Vater und dem erwachsenen Sohn, die das Glück so mancher Familie stört. Der Vater war mir der liebste Freund.

Als eine besondere Güte unserer Eltern empfanden wir, daß sie uns erlaubten, von unseren Schulfreunden mit in die Ferien zu bringen, bis das Haus voll war. Wie meine Mutter die Arbeit, die wir ihr dadurch verursachten, bewältigen konnte, ist mir heute noch ein Rätsel.

Der Gedanke, daß ich eine so einzigartig glückliche Jugend erleben durfte, beschäftigte mich fort und fort. Er erdrückte mich geradezu. Immer deutlicher trat die Frage vor mich, ob ich dieses Glück denn als etwas Selbstverständliches hinnehmen dürfe.

So wurde die Frage nach dem Recht auf Glück das zweite große Erlebnis für mich. Als solches trat sie neben das andere, das mich schon von meiner Kindheit her begleitete, das Ergriffensein von dem Weh, das um uns herum in der Welt herrscht. Diese beiden Erlebnisse schoben sich langsam ineinander. Damit entschied sich meine Auffassung des Lebens und das Schicksal meines Lebens.

Immer klarer wurde mir, daß ich nicht das innerliche Recht habe, meine glückliche Jugend, meine Gesundheit und meine Arbeitskraft als etwas Selbstverständliches hinzunehmen. Aus dem tiefsten Glücksgefühl erwuchs mir nach und nach das Verständnis für das Wort Jesu, daß wir unser Leben nicht für uns behalten dürfen. Wer viel Schönes im Leben erhalten hat, muß entsprechend viel dafür hingeben. Wer von eigenem Leid verschont ist, hat sich berufen zu fühlen, zu helfen, das Leid der andern zu lindern. Alle müssen wir an der Last von Weh, die auf der Welt liegt, mittragen.

Dunkel und verworren arbeitete der Gedanke an mir. Manchmal ließ er mich auf einige Zeit los, daß ich ganz erleichtert aufatmete und meinte, wieder vollständig Herr meines Lebens zu werden. Eine kleine Wolke war am Horizont aufgestiegen. Ich konnte zeitweise von ihr wegblicken. Aber sie wuchs langsam und unaufhaltsam. Zuletzt bedeckte sie den ganzen Himmel.

Die Entscheidung fiel, als ich einundzwanzig Jahre alt war. Damals, als Student in den Pfingstferien, beschloß ich, bis zum dreißigsten Jahre dem Predigeramt, der Wissenschaft und der Musik zu leben. Dann, wenn ich in Wissenschaft und Kunst geleistet hätte, was ich darin vorhatte, wollte ich einen Weg des unmittelbaren Dienens als Mensch betreten. Welches dieser Weg sein sollte, gedachte ich in der Zwischenzeit aus den Umständen zu erfahren.

Der Entschluß, mich dem Werke des ärztlichen Helfens in den Kolonien zu weihen, kam nicht als erster. Er tauchte auf, nachdem mich Pläne andersartigen Helfens vorher beschäftigt hatten und aus den verschiedensten Gründen aufgegeben worden waren. Eine Verkettung von Umständen wies mir dann den Weg zu den Schlafkranken und Aussätzigen Afrikas.

Als ich mich mit achtzehn Jahren, Anno 1893, auf die Abgangsprüfung vom Gymnasium vorbereitete, ahnte ich nur erst dunkel, daß sich Gedanken in mir dachten, denen ich mich einst zu unterwerfen hätte. Die Beschäftigung mit der unmittelbaren Zukunft behauptete ihre Rechte. Ich freute mich auf die Studentenzeit. Kühn nahm ich mir vor, Theologie, Philosophie und Musik miteinander zu betreiben. Meine gute Gesundheit, die mir die erforderliche Nachtarbeit erlaubte, machte es mir möglich, diesen Vorsatz durchzuführen. Aber es war doch viel schwieriger, als ich gedacht hatte.

Mein Abgangsexamen vom Gymnasium bestand ich befriedigend, aber nicht so gut, als man erwartet hatte. Das lag an den Hosen, die ich an jenem Tage trug.

Ich besaß einen schwarzen Gehrock, den ich von einem alten Verwandten meiner Mutter geerbt hatte, aber keine schwarzen Hosen. Aus Sparsamkeit wollte ich mir auch noch keine machen lassen und bat meinen Onkel, das Examen in seinen Hosen bestehen zu dürfen. Er war zwar viel kleiner als ich und beleibt, während ich damals aufgeschossen und schmächtig war. Aber wir dachten, daß es für einmal doch gehen würde.

Leider unterließ ich es, eine Probe mit den Hosen abzuhalten. Als ich sie am Morgen des Examens anzog, reichten sie mir kaum bis an die Schuhe, obwohl ich die Hosenträger mit Schnüren verlängert hatte. Über dem oberen Rande der Hosen gähnte ein weißer Raum. Wie sie mir auf der Rückseite saßen, beschreibe ich nicht.

Mein Erscheinen unter den Examensgenossen rief ausgelassene Lustigkeit hervor. Ich wurde nach allen Seiten gewendet und in Augenschein genommen. Unser feierlicher Eintritt in das Prüfungszimmer mißlang, weil wir das Lachen nicht dämpfen konnten. Als die Lehrer am Prüfungstisch meine Hose sahen, wurden auch sie munter. Der gestrenge Herr Oberschulrat aus Straßburg aber – er hieß Albrecht –, der bei der Prüfung den Vorsitz führte, merkte nicht, um was es sich handelte. Er sah nur, daß ich der Anlaß der unzeitgemäßen Heiterkeit war und tat eine strenge Bemerkung über unser unfeierliches Benehmen im allgemeinen und über mich im besonderen. Um dem vermeintlichen Spaßvogel den Übermut auszutreiben, übernahm er es selber, mich in allen Fächern zu examinieren, außer in Mathematik, in der er anerkanntermaßen absolut unwissend war. Er setzte mir hart zu. Vom Direktor mit freundlichen Blicken ermutigt, behauptete ich mich, so gut ich konnte. Aber gar manche Antwort mußte ich dem Gestrengen schuldig bleiben und manches Schütteln des Kopfes hinnehmen.

Sehr entrüstet war er namentlich darüber, daß ich nicht imstande war, ihm über das Schiffslager, wie es bei Homer beschrieben ist, genau Bescheid zu geben. Als auch die anderen Kandidaten nicht viel mehr darüber wußten als ich, tadelte er dies als einen unverzeihlichen Mangel an Bildung. Ich aber sah es für einen noch viel größeren Mangel an Bildung an, daß wir das Gymnasium verließen, ohne etwas von Astronomie und Geologie zu wissen.

Zu guter Letzt kam Geschichte daran, das spezielle Fach des Herrn Oberschulrats. Nach zehn Minuten war er wie umgewandelt. Sein Grimm schmolz dahin. Am Ende examinierte er mich nicht mehr, sondern unterhielt sich mit mir über den Unterschied zwischen den Kolonisationsunternehmungen der Griechen und denen der Römer.

In der Schlußrede, nach der Verkündung des Resultats der Prüfung, kam er nochmals auf die Freude zurück, die er mit mir in Geschichte erlebt hatte. Ein dahin gehendes, von ihm beantragtes Kompliment ziert mein sonst sehr mittelmäßiges Reifezeugnis. So endigte alles in Wohlgefallen.

Der Abschied vom Onkel und von der Tante wurde mir sehr schwer. Sie lebten noch eine Reihe von Jahren, und ich durfte ihnen noch zeigen, wie lieb ich sie hatte. Als mein Onkel aus Altersrücksichten seine Stellung in Mülhausen aufgab, zogen sie nach Straßburg. Dort ruhen sie auf dem Kirchhof St. Gallen, auf dem auch mein Onkel Schillinger, der Prediger an St. Nikolai, begraben ist.

Blicke ich auf meine Jugend zurück, so bin ich vom Gedanken bewegt, wie vielen Menschen ich für das, was sie mir gaben und was sie mir waren, zu danken habe. Zugleich aber stellt sich das niederdrückende Bewußtsein ein, wie wenig ich jenen Menschen in meiner Jugend von diesem Danke wirklich erstattet habe. Wie viele von ihnen sind aus dem Leben geschieden, ohne daß ich ihnen ausgedrückt habe, was die Güte oder die Nachsicht, die ich von ihnen empfing, für mich bedeutete! Erschüttert habe ich manchmal auf Gräbern leise die Worte für mich gesagt, die mein Mund einst dem Leben hätte aussprechen sollen.

Dabei glaube ich sagen zu können, daß ich nicht undankbar war. Beizeiten bin ich aus der jugendlichen Gedankenlosigkeit erwacht, das, was ich an Güte und Nachsicht von Menschen erfuhr, als etwas Selbstverständliches hinzunehmen. Ich meine, darüber so früh nachdenklich geworden zu sein, wie über das Weh in der Welt. Aber bis zu meinem zwanzigsten Jahr, und noch darüber hinaus, habe ich mich zu wenig dazu angehalten, die Dankbarkeit, die in mir war, auch zu bekunden. Ich ermaß zu wenig, was es für Menschen bedeutet, Dankbarkeit tatsächlich zu empfangen. Oft auch ließ ich mich durch Schüchternheit zurückhalten, Dankbarkeit auszusprechen.

Weil ich dies an mir erlebt habe, meine ich nicht, daß so viel Undankbarkeit in der Welt ist, wie man gewöhnlich behauptet. Nie habe ich die Geschichte von den zehn Aussätzigen so auslegen können, als ob nur einer dankbar gewesen sei. Ich glaube, daß alle zehn dankbar waren. Aber neun von ihnen begaben sich zuerst nach Hause, schnell die Ihrigen zu begrüßen und nach ihren Angelegenheiten zu sehen, und nahmen sich vor, nachher sogleich zu Jesus zu gehen und ihm ihren Dank zu erstatten. Nur kam es nicht dazu. Sie wurden zu Hause länger festgehalten, als sie dachten, und unterdessen starb Jesus. Einer aber besaß die Gabe, seinem unmittelbaren Empfinden zu folgen. Dieser suchte den, der ihm geholfen hatte, alsbald auf und erquickte ihn durch Dankbarkeit.

So müssen wir alle uns anhalten, unmittelbar zu sein und die unausgesprochene Dankbarkeit zur ausgesprochenen werden zu lassen. Dann gibt es in der Welt mehr Sonne und mehr Kraft zum Guten. Für sich aber muß sich ein jeder von uns dagegen wehren, die bittern Sprüche von der Undankbarkeit der Welt in seine Weltanschauung aufzunehmen. Es flutet viel Wasser unter dem Erdboden, das nicht als Quelle herausbricht. Dessen dürfen wir uns getrösten. Selber aber sollen wir Wasser sein, das den Weg findet, Quelle zu werden, an der Menschen den Durst nach Dankbarkeit stillen können.

Noch ein anderers bewegt mich, wenn ich an meine Jugend zurückdenke: die Tatsache, daß so viele Menschen mir etwas gaben oder etwas waren, ohne daß sie es wußten. Solche, mit denen ich nie ein Wort gewechselt habe, ja auch solche, von denen ich nur erzählen hörte, haben einen bestimmten Einfluß auf mich ausgeübt. Sie sind in mein Leben eingetreten und Kräfte in mir geworden. Gar manches, was ich sonst nicht so klar empfunden und so entschieden getan hätte, empfinde und tue ich so, weil ich wie unter dem Zwang jener Menschen stehe. Darum kommt es mir immer vor, als ob wir alle geistig von dem lebten, was uns Menschen in bedeutungsvollen Stunden unseres Lebens gegeben haben. Diese bedeutungsvollen Stunden kündigen sich nicht an, sondern kommen unerwartet. Auch nehmen sie sich nicht großartig aus, sondern unscheinbar. Ja, manchmal bekommen sie ihre Bedeutung für uns erst in der Erinnerung, wie uns die Schönheit einer Musik oder einer Landschaft manchmal erst in der Erinnerung aufgeht. Vieles, was an Sanftmut, Gütigkeit, Kraft zum Verzeihen, Wahrhaftigkeit, Treue, Ergebung in Leid unser geworden ist, verdanken wir Menschen, an denen wir solches erlebt haben, einmal in einem großen, einmal in einem kleinen Begebnis. Ein Leben gewordener Gedanke sprang wie ein Funke in uns hinein und zündete.

Ich glaube nicht, daß man in einen Menschen Gedanken hineinbringen kann, die nicht in ihm sind. Gewöhnlich sind in den Menschen alle guten Gedanken als Brennstoffe vorhanden. Aber vieles von diesem Brennstoff entzündet sich erst oder erst recht, wenn eine Flamme oder ein Flämmchen von draußen, von einem andern Menschen her, in ihn hineinschlägt. Manchmal will auch unser Licht erlöschen und wird durch ein Erlebnis an einem Menschen wieder neu angefacht.

So hat jeder von uns in tiefem Danke derer zu gedenken, die Flammen in ihm entzündet haben. Hätten wir sie vor uns, die uns zum Segen geworden sind, und könnten es ihnen erzählen, wodurch sie es geworden sind, sie würden staunen über das, was aus ihrem Leben in unseres übergriff.

So weiß auch keiner von uns, was er wirkt und was er Menschen gibt. Es ist für uns verborgen und soll es bleiben. Manchmal dürfen wir ein klein wenig davon sehen, um nicht mutlos zu werden. Das Wirken der Kraft ist geheimnisvoll.

Überhaupt, ist nicht in dem Verhältnis des Menschen zum Menschen viel mehr geheimnisvoll, als wir es uns gewöhnlich einstehen? Keiner von uns darf behaupten, daß er einen andern wirklich kenne, und wenn er seit Jahren täglich mit ihm zusammen lebt. Von dem, was unser inneres Erleben ausmacht, können wir auch unseren Vertrautesten nur Bruchstücke mitteilen. Das Ganze vermögen wir weder von uns zu geben, noch wären sie imstande, es zu fassen. Wir wandeln miteinander in einem Halbdunkel, in dem keiner die Züge des andern genau erkennen kann. Nur von Zeit zu Zeit, durch ein Erlebnis, das wir mit dem Weggenossen haben, oder durch ein Wort, das zwischen uns fällt, steht er für einen Augenblick neben uns, wie von einem Blitze beleuchtet. Da sehen wir ihn, wie er ist. Nachher gehen wir wieder, vielleicht für lange, im Dunkel nebeneinander her und suchen vergeblich, uns die Züge des andern vorzustellen.

In diese Tatsache, daß wir einer dem andern Geheimnis sind, haben wir uns zu ergeben. Sich kennen will nicht heißen, alles voneinander wissen, sondern Liebe und Vertrauen zueinander haben und einer an den andern glauben. Ein Mensch soll nicht in das Wesen des andern eindringen wollen. Andere zu analysieren – es sei denn, um geistig verwirrten Menschen wieder zurechtzuhelfen –, ist ein unvornehmes Benehmen. Es gibt nicht nur eine leibliche, sondern auch eine geistige Schamhaftigkeit, die wir zu achten haben. Auch die Seele hat ihre Hüllen, deren man sie nicht entkleiden soll. Keiner von uns darf zum andern sagen: Weil wir so und so zusammengehören, habe ich das Recht, alle deine Gedanken zu kennen. Nicht einmal die Mutter darf so gegen ihr Kind auftreten. Alles Fordern dieser Art ist töricht und unheilvoll. Hier gilt nur Geben, das Geben weckt. Teile von deinem geistigen Wesen denen, die mit dir auf dem Wege sind, so viel mit, als du kannst, und nimm als etwas Kostbares hin, was dir von ihnen zurückkommt.

Es lag vielleicht an meiner ererbten Verschlossenheit,

daß mir die Ehrfurcht vor dem geistigen Wesen des andern von meiner Jugend an etwas Selbstverständliches war. Nachher bin ich in dieser Anschauung immer mehr befestigt worden, weil ich sah, wie viel Leid und Weh und Entfremdung daher kommt, daß Menschen den Anspruch erheben, in der Seele der andern zu lesen wie in einem Buche, das ihnen gehört, und daß sie wissen und verstehen wollen, wo sie an den andern glauben sollten. Alle müssen wir uns hüten, denen, die wir lieben, Mangel an Vertrauen vorzuwerfen, wenn sie uns nicht jederzeit in alle Ecken ihres Herzens einblicken lassen. Es ist ja fast so, daß wir, je näher wir uns kennen, einander um so geheimnisvoller werden. Nur wer Ehrfurcht vor dem geistigen Wesen anderer hat, kann andern wirklich etwas sein.

Darum meine ich, daß sich auch keiner zwingen soll, mehr von seinem inneren Leben preiszugeben, als ihm natürlich ist. Wir können nicht mehr, als die andern unser geistiges Wesen ahnen lassen und das ihrige ahnen. Das einzige, worauf es ankommt, ist, daß wir darum ringen, daß Licht in uns sei. Das Ringen fühlt einer dem andern an, und wo Licht in Menschen ist, scheint es aus ihnen heraus. Dann kennen wir uns, im Dunkel nebeneinander hergehend, ohne daß einer das Gesicht des andern abzutasten und in sein Herz hineinzulangen braucht.

War mir die Ehrfurcht vor dem geistigen Wesen des andern von Jugend auf etwas Selbstverständliches, so hat mir dagegen die Frage viel zu schaffen gemacht, inwieweit wir in dem sonstigen Verkehr mit Menschen zurückhaltend sein sollen oder inwieweit wir uns unmittelbar geben dürfen. Beides lag in mir im Kampf. Bis in die letzten Jahre auf dem Gymnasium hatte die Zurückhaltung das Übergewicht. Meine Schüchternheit hielt mich davon ab, den Menschen so viel Anteilnahme kundzugeben, als ich empfand, und ihnen so viel Dienst und Helfen anzubieten, als es mich innerlich trieb. In diesem Verhalten wurde ich durch die Erziehung der Tante in Mülhausen bestärkt. Sie hat mir die Zurückhaltung als den Inbegriff der Wohlerzogenheit eingeprägt. Jede Art von «Vordringlichkeit» sollte ich als einen der größten Fehler ansehen lernen, und bemühte mich auch redlich darum. Mit der Zeit aber wagte ich mich von den Regeln der Zurückhaltung der Wohlerzogenheit etwas zu emanzipieren. Sie kamen mir vor wie Gesetze der Harmonie, die zwar im allgemeinen Gültigkeit haben, aber doch vielfach von dem lebendigen Fluß der Musik überflutet werden. Es ging mir immer mehr auf, wieviel Gutes wir versäumen, wenn wir uns sklavisch in die Zurückhaltung einschließen lassen, die uns die gewöhnliche Sitte des Umgangs auferlegt.

Sicherlich müssen wir uns dagegen anhalten, einer dem andern gegenüber taktvoll zu sein und nicht ungerufen an seinen Angelegenheiten teilzunehmen. Dabei haben wir uns auch der Gefahr bewußt zu bleiben, die in dieser durch das tägliche Leben gebotenen Zurückhaltung liegt. Es darf nicht sein, daß wir uns dem Unbekannten gegenüber in absolute Fremdheit bannen lassen. Kein Mensch ist jemals einem Menschen ein vollständig und dauernder Fremder. Mensch gehört zu Mensch. Mensch hat Recht auf Mensch. Große und kleine Umstände können eintreten, die die Fremdheit, die wir uns im täglichen Leben auferlegen müssen, außer Kraft setzen und uns als Mensch zu Mensch miteinander in Beziehung bringen.

Das Gesetz der Zurückhaltung ist bestimmt, durch das Recht der Herzlichkeit durchbrochen zu werden. So kommen wir alle in die Lage, aus der Fremdheit herauszutreten und für einen Menschen Mensch zu werden. Zu oft versäumen wir es, weil die geltenden Anschauungen von Wohlerzogenheit, Höflichkeit und Takt uns unsere Unmittelbarkeit genommen haben. Dann versagen wir einer dem andern, was wir ihm geben möchten und wonach er Sehnsucht hat. Viel Kälte ist unter den Menschen, weil wir nicht wagen, uns so herzlich zu geben, wie wir sind.

Ich hatte das Glück, in meiner Jugend einigen Menschen zu begegnen, die sich, bei aller Achtung der geltenden gesellschaftlichen Formen, ihre Unmittelbarkeit gewahrt hatten. Als ich sah, was sie den Menschen damit gaben, bekam ich Mut, selber zu versuchen, so natürlich und herzlich zu sein, wie ich es empfand. Die Erfahrungen, die ich dabei gemacht habe, haben es nicht zugelassen, daß ich mich jemals wieder ganz unter das Gesetz der Zurückhaltung begab. So gut ich kann, suche ich nun, die Herzenshöflichkeit mit der geltenden Höflichkeit zu vereinen. Ob ich es immer richtig mache, weiß ich nicht. Regeln darüber vermag ich ebensowenig aufzustellen als dafür, wann man sich in der Musik den überlieferten Gesetzen der Harmonie beugen soll und wann man dem Geiste der Musik, der über allen Gesetzen steht, folgen darf. Soviel aber habe ich erfahren dürfen, daß das Hinwegsetzen über die geltenden Regeln, das wirklich durch das Herz diktiert wird und aus Überlegung kommt, von den andern selten für gedankenlose Aufdringlichkeit genommen wird.

Die Ideen, die das Wesen und das Leben eines Menschen bestimmen, sind in ihm auf geheimnisvolle Weise gegeben. Wenn er aus der Kindheit heraustritt, fangen sie an, in ihm zu knospen. Wenn er von der Jugendbegeisterung für das Wahre und Gute ergriffen wird, blühen sie und setzen Frucht an. In der Entwicklung, die wir nachher durchmachen, handelt es sich eigentlich nur darum, wieviel von dem, was unser Lebensbaum in seinem Frühling an Frucht ansetzte, an ihm bleibt.

Die Überzeugung, daß wir im Leben darum zu ringen haben, so denkend und so empfindend zu bleiben, wie wir es in der Jugend waren, hat mich wie ein treuer Berater auf meinem Wege begleitet. Instinktiv habe ich mich dagegen gewehrt, das zu werden, was man gewöhnlich unter einem «reifen Menschen» versteht.

Der Ausdruck «reif» auf den Menschen angewandt, war mir und ist mir noch immer etwas Unheimliches. Ich höre dabei die Worte Verarmung, Verkümmerung, Abstumpfung als Dissonanzen miterklingen. Was wir gewöhnlich als Reife an einem Menschen zu sehen bekommen, ist eine resignierte Vernünftigkeit. Einer erwirbt sie sich nach dem Vorbilde anderer, indem er Stück um Stück die Gedanken und Überzeugungen preisgibt, die ihm in seiner Jugend teuer waren. Er glaubte an den Sieg der Wahrheit; jetzt nicht mehr. Er glaubte an die Menschen; jetzt nicht mehr. Er glaubte an das Gute; jetzt nicht mehr. Er eiferte für Gerechtigkeit; jetzt nicht mehr. Er vertraute in die Macht der Gütigkeit und der Friedfertigkeit; jetzt nicht mehr. Er konnte sich begeistern; jetzt nicht mehr. Um besser durch die Fährnisse und Stürme des Lebens zu schiffen, hat er sein Boot erleichtert. Er warf Güter aus, die er für entbehrlich hielt. Aber es war der Mundvorrat und der Wasservorrat, dessen er sich entledigte. Nun schifft er leichter dahin, aber als verschmachtender Mensch.

In meiner Jugend habe ich Unterhaltungen von Erwachsenen mitangehört, aus denen mir eine das Herz beklemmende Wehmut entgegenwehte. Sie schauten auf den Idealismus und die Begeisterungsfähigkeit ihrer Jugend als auf etwas Kostbares zurück, das man sich hätte festhalten sollen. Zugleich aber betrachten sie es als eine Art Naturgesetz, daß man das nicht könne.

Da bekam ich Angst, auch einmal so wehmütig auf mich selber zurückschauen zu müssen. Ich beschloß, mich diesem tragischen Vernünftigwerden nicht zu unterwerfen. Was ich mir in fast knabenhaftem Trotz gelobte, habe ich durchzuführen versucht.

Zu gern gefallen sich die Erwachsenen in dem traurigen Amt, die Jugend darauf vorzubereiten, daß sie einmal das meiste von dem, was ihr jetzt das Herz und den Sinn erhebt, als Illusion ansehen wird. Die tiefere Lebenserfahrung aber redet anders zu der Unerfahrenheit. Sie beschwört die Jugend, die Gedanken, die sie begeistern, durch das ganze Leben hindurch festzuhalten. Im Jugendidealismus erschaut der Mensch die Wahrheit. In ihm besitzt er einen Reichtum, den er gegen nichts eintauschen soll.

Wir alle müssen darauf vorbereitet sein, daß das Leben uns den Glauben an das Gute und Wahre und die Begeisterung dafür nehmen will. Aber wir brauchen sie ihm nicht preiszugeben. Daß die Ideale, wenn sie sich mit der Wirklichkeit auseinandersetzen, gewöhnlich von den Tatsachen erdrückt werden, bedeutet nicht, daß sie von vornherein vor den Tatsachen zu kapitulieren haben, sondern nur, daß unsere Ideale nicht stark genug sind. Nicht stark genug sind sie, weil sie nicht rein und stark und stetig genug in uns sind.

Die Macht des Ideals ist unberechenbar. Einem Wassertropfen sieht man keine Macht an. Wenn er aber in den Felsspalt gelangt und dort Eis wird, sprengt er den Fels; als Dampf treibt er den Kolben der mächtigen Maschine. Es ist dann etwas mit ihm vorgegangen, das die Macht, die in ihm ist, wirksam werden ließ.

So auch mit dem Ideal. Ideale sind Gedanken. Solange sie nur gedachte Gedanken sind, bleibt die Macht, die in ihnen ist, unwirksam, auch wenn sie mit größter Begeisterung und festester Überzeugung gedacht werden. Wirksam wird ihre Macht erst, wenn mit ihnen dies vorgeht, daß das Wesen eines geläuterten Menschen sich mit ihnen verbindet. Die Reife, zu der wir uns zu entwickeln haben, ist die, daß wir an uns arbeiten müssen, immer schlichter, immer wahrhaftiger, immer lauterer, immer friedfertiger, immer sanftmütiger, immer gütiger, immer mitleidiger zu werden. In keine andere Ernüchterung als in diese haben wir uns zu ergeben. In ihr härtet sich das weiche Eisen des Jugendidealismus zum Stahl des unverlierbaren Lebensidealismus.

Das große Wissen ist, mit den Enttäuschungen fertig zu werden. Alle Tatsachen sind Wirkung von geistiger Kraft; die erfolgreichen von Kraft, die stark genug ist, die erfolglosen von Kraft, die nicht stark genug ist. Mein Verhalten der Liebe richtet nichts aus. Das ist, weil noch zu wenig Liebe in mir ist. Ich bin ohnmächtig gegen die Unwahrhaftigkeit und die Lüge, die um mich herum ihr

Albert Schweitzer im Jahr 1905

Wesen haben. Das hat zum Grunde, daß ich selber noch nicht wahrhaftig genug bin. Ich muß zusehen, wie Mißgunst und Böswilligkeit weiter ihr trauriges Spiel treiben. Das heißt, daß ich selber Kleinlichkeit und Neid noch nicht ganz abgelegt habe. Meine Friedfertigkeit wird mißverstanden und gehöhnt. Das bedeutet, daß noch nicht genug Friedfertigkeit in mir ist.

Das große Geheimnis ist, als unverbrauchter Mensch durchs Leben zu gehen. Solches vermag, wer nicht mit den Menschen und Tatsachen rechnet, sondern in allen Erlebnissen auf sich selbst zurückgeworfen wird und den letzten Grund der Dinge in sich sucht.

Wer an seiner Läuterung arbeitet, dem kann nichts den Idealismus rauben. Er erlebt die Macht der Ideen des Wahren und Guten in sich. Wenn er von dem, was er nach außen hin dafür wirken will, gar zu wenig bemerkt, so weiß er dennoch, daß er soviel wirkt, als Läuterung in ihm ist. Nur ist der Erfolg noch nicht eingetreten, oder er bleibt seinem Auge verborgen. Wo Kraft ist, ist Wirkung von Kraft. Kein Sonnenstrahl geht verloren. Aber das Grün, das er weckt, braucht Zeit zum Sprießen, und dem Sämann ist nicht immer beschieden, die Ernte mitzuerleben. Alles wertvolle Wirken ist Tun auf Glauben.

Das Wissen vom Leben, das wir Erwachsene den Jugendlichen mitzuteilen haben, lautet also nicht: «Die Wirklichkeit wird schon unter euren Idealen aufräumen», sondern: «Wachset in eure Ideale hinein, daß das Leben sie euch nicht nehmen kann.»

Wenn die Menschen das würden, was sie mit vierzehn Jahren sind, wie ganz anders wäre die Welt!

Als einer, der versucht, in seinem Denken und Empfinden jugendlich zu bleiben, habe ich mit den Tatsachen und der Erfahrung um den Glauben an das Gute und Wahre gerungen. In dieser Zeit, wo Gewalttätigkeit, in Lüge gekleidet, so unheimlich wie noch nie auf dem Throne der Welt sitzt, bleibe ich dennoch überzeugt, daß Wahrheit, Liebe, Friedfertigkeit, Sanftmut und Gütigkeit die Gewalt sind, die über aller Gewalt ist. Ihnen wird die Welt gehören, wenn nur genug Menschen die Gedanken der Liebe, der Wahrheit, der Friedfertigkeit und der Sanftmut rein und stark und stetig genug denken und leben.

Alle gewöhnliche Gewalt beschränkt sich selber. Denn sie erzeugt Gegengewalt, die ihr früher oder später ebenbürtig oder überlegen wird. Die Gütigkeit aber wirkt einfach und stetig. Sie erzeugt keine Spannungen, die sie beeinträchtigen. Bestehende Spannungen entspannt sie, Mißtrauen und Mißverständnisse bringt sie zur Verflüchtigung, sie verstärkt sich selber, indem sie Gütigkeit hervorruft. Darum ist sie die zweckmäßigste und intensivste Kraft.

Was ein Mensch an Gütigkeit in die Welt hinausgibt, arbeitet an den Herzen und an dem Denken der Menschen. Unsere törichte Versäumnis ist, daß wir mit der Gütigkeit nicht ernst zu machen wagen. Wir wollen die große Last wälzen, ohne uns des die Kraft verhundertfachenden Hebels zu bedienen.

Eine unermeßlich tiefe Wahrheit liegt in dem phantastischen Worte Jesu: «Selig sind die Sanftmütigen, denn sie werden das Erdreich besitzen.»

Zeittafel

1875	14. Januar: Albert Schweitzer in Kaysersberg/Oberelsaß geboren. Übersiedlung nach Günsbach. Vater: Ludwig Schweitzer, Pfarrer (1846 bis 1925), Mutter: Adele, geb. Schillinger (1841 bis 1916). Vier Geschwister: Luise (1873–1927), Adele (1876–1969), Marguerite (1877–1959), Paul (1882–1967). Der erste bekannte Vorfahre: Johann Schweitzer in Frankfurt a. M., 17. Jahrhundert. Sein Sohn Johann Nikolaus wanderte nach dem Dreißigjährigen Krieg ins Elsaß aus. Seither lebten die Schweitzers dort
1880–1884	Besuch der Dorfschule in Günsbach
1884/1885	Realschule in Münster/Elsaß
1885–1893	Gymnasium in Mülhausen. Klavier- und Orgelunterricht bei Eugen Münch. – 18. Juni 1893: Abitur
1893	Oktober: Studium der Theologie und Philosophie in Straßburg begonnen. Orgelunterricht bei Charles Marie Widor in Paris
1894/1895	Militärjahr beim Infanterieregiment 143 in Straßburg
1896	Pfingsten: Entschluß zu einem Beruf menschlichen Dienens nach dem 30. Lebensjahr
1898	6. Mai: Erstes theologisches Examen. Lehrvikar
1898/1899	Wintersemester: Philosophie und Musik in Paris. Kant-Dissertation

1899	Frühjahr/Sommer: Philosophie-Studien in Berlin. – 2. August: Promotion zum Dr. phil.
1900	15. Juli: Zweite theologische Prüfung. – 21. Juli: Lizentiaten-(= Doktor-)Examen mit einer Dissertation über das Abendmahlsproblem. – 14. November: Vikar an St. Nikolai.
1902	1. März: Habilitation an der evang.-theologischen Fakultät in Straßburg. Habilitationsschrift über *Das Messianitäts- und Leidensgeheimnis* (1901)
1904	Herbst: Ein Aufruf über die Not der Kongomission entscheidet über die Richtung des Dienstberufs
1905	*J. S. Bach, le musicien-poète.* – 13. Oktober: Mitteilung über die Absicht, Urwaldarzt zu werden. Beginn des Medizinstudiums
1906	*Deutsche und französische Orgelbaukunst; Von Reimarus zu Wrede*
1908	14. Mai: Physikum*. *J. S. Bach*
1909	*Internationales Regulativ für Orgelbau* (mit F. X. Mathias)
1910	3. Dezember: Abschluß des medizinischen Staatsexamens
1911/1912	Ärztliches Praktikum. *Geschichte der paulinischen Forschung*
1912	11. Februar: Ärztliche Approbation. – Frühjahr: Aufgabe des Predigtamtes. – 18. Juni: Eheschließung mit Helene Breßlau (geboren 25. Januar 1879 in Berlin). – 14. Dezember: Professor-Titel von seiten des kaiserlichen Statthalters wegen der «anerkennenswerten wissenschaftlichen Leistungen»

* Soweit Datenangaben den Selbstzeugnissen widersprechen, sind sie nach dem Forschungsstand korrigiert.

1913 März: Promotion zum Dr. med. mit einer Dissertation über *Die psychiatrische Beurteilung Jesu*. Abschluß der erweiterten *Geschichte der Leben-Jesu-Forschung*. – 21. März: Abreise aus Günsbach nach Afrika (mit Helene). – 4. April: Ausscheiden aus dem Lehrkörper der Universität durch schriftlichen Verzicht auf die Venia legendi, da die Fakultät eine Beurlaubung abgelehnt hatte. – 16. April: Ankunft in Lambarene

1913–1917 Erster Aufenthalt in Afrika

1915 September: Schweitzer findet den Begriff der *Ehrfurcht vor dem Leben*. Arbeit an der *Kulturphilosophie*

1916 3. Juli: Tödliche Verletzungen der vierundsiebzigjährigen Mutter durch ein scheuendes Militärpferd

1917 September: Rücktransport nach Europa. Internierung in Bordeaux. Schweitzer bekommt eine Dysenterie

1917/1918 Herbst–Sommer: Internierungslager Garaison (Pyrenäen) und St. Rémy (Provence)

1918 Juli: Rückkehr ins Elsaß. – 1. September: Darmoperation durch Prof. Stoltz. Anschließend erneutes Vikariat an St. Nikolai und Assistenzarztstelle an der Hautklinik des Bürgerspitals

1919 14. Januar: Tochter Rhena geboren. - Februar: Doppelpredigt über die *Ehrfurcht vor dem Leben*. – Sommer: Zweite Operation. – Oktober: Erstes Nachkriegs-Orgelkonzert in Barcelona. – Dezember: Einladung durch den schwedischen Erzbischof Söderblom zu Vorlesungen in Uppsala

1920 Frühjahr-Sommer: Schweden-Reise. Vorlesungen, Vorträge, Orgelkonzerte. Abzahlung der

Schulden. Entschluß, die Arbeit in Lambarene fortzusetzen. *Zwischen Wasser und Urwald*

1921 April: Aufgabe der beiden Stellungen in Straßburg. Freie schriftstellerische und künstlerische Arbeit

1921/1922 Konzert- und Vortragsreisen in die Schweiz (dreimal), nach Schweden (zweimal), nach England und Dänemark. Arbeit an der *Kulturphilosophie* in Günsbach.

1923 Januar: Kulturphilosophische Vorlesungen an der Universität Prag. *Verfall und Wiederaufbau der Kultur; Kultur und Ethik; Das Christentum und die Weltreligionen*. Hausbau für Helene und Rhena in Königsfeld/Schwarzwald. – Herbst: Kurse für Geburtshilfe und Zahnheilkunde in Straßburg, für Tropenmedizin in Hamburg

1924 *Aus meiner Kindheit und Jugendzeit.* – 21. Februar: Zweite Ausreise nach Afrika, ohne Helene

1925 5. Mai: Tod des Vaters, neunundsiebzigjährig. – 18. Juli: Mathilde Kottmann, Elsässerin, kommt als erste Pflegerin. – 19. Oktober: Viktor Neßmann, Elsässer, kommt als erster Arzt. – Herbst: Beginn der Rodungsarbeiten für ein größeres Spital

1927 21. Januar: Umzug in die neuen Baracken. – 21. Juli: Rückfahrt nach Europa

1927–1929 Konzerte und Vorträge in Schweden, Dänemark, Holland, der Schweiz, Deutschland, der Tschechoslowakei, Schallplattenaufnahmen in London

1928 28. August: Goethepreis der Stadt Frankfurt. Erste Goethe-Rede

1929 September: Ein deutscher Freundeskreis entsteht in Ansätzen. Initiatoren Richard Kik in Ulm u. a. Aufruf, man wolle Schweitzer «lesen, lehren, lie-

	ben und leben». Fertigstellung des Günsbacher Hauses (vom Goethepreis)
1930/1931	Drittes Wirken in Lambarene (zwei volle Jahre). Frau Schweitzer muß schon zu Ostern 1930 aus Gesundheitsgründen zurück
1930	Ablehnung eines Rufes an die Universität Leipzig (theologische Fakultät). *Die Mystik des Apostels Paulus*
1931	*Aus meinem Leben und Denken*
1932	22. März: Gedenkrede zu Goethes 100. Todestag in Frankfurt. – 9. Juli: Vortrag *Goethe als Denker und Mensch* in Ulm. – Vorträge und Konzerte in Deutschland, Holland, England
1933–1934	April–Januar: Viertes Wirken in Afrika
1934	Oktober/November: Religionsphilosophische Vorlesungen in Oxford und Edinburgh
1935	Februar–August: Zum fünftenmal in Lambarene – August: Zweiter Teil der Vorlesungen in Edinburgh. – Dezember: Schallplatten-Einspielungen in London. – *Die Weltanschauung der indischen Denker*
1936	Oktober: Schallplatten-Einspielungen in Straßburg
1937–1939	Februar–Januar: Sechster Lambarene-Aufenthalt
1938	*Afrikanische Geschichten*
1939	Wegen des Eindrucks drohender Kriegsgefahr nur zwölftägiger Aufenthalt im Elsaß. Regelung der wichtigsten Angelegenheiten
1939–1948	Neuneinhalb ununterbrochene Lambarene-Jahre (siebenter Aufenthalt)
1940	Oktober/November: Kämpfe um den Ort Lambarene zwischen Truppen de Gaulles und der Vichy-Regierung. Beide Seiten schonen das Spital
1941	2. August: Helene trifft ein nach schwieriger Reise über Angola, bleibt bis September 1946

1942	Frühjahr: Erste Hilfssendung, vor allem Medikamente, aus den USA
1948	24. Oktober: Ankunft in Bordeaux
1949	8. Juli: Festrede zum 200. Geburtags Goethes in Aspen/Colorado. *Goethe, der Mensch und das Werk*
1949–1951	November–Mai: Achtes Wirken in Lambarene, bis Juni 1950 zusammen mit Helene
1950	*Goethe. Vier Reden; Ein Pelikan erzählt aus seinem Leben*
1951	16. September: Friedenspreis des deutschen Buchhandels in der Paulskirche. – Oktober/November: In Schweden
1951/1952	Dezember–Juli: Neuntes Wirken in Lambarene
1952	September: Schallplattenaufnahmen in Günsbach. – 30. September: Empfang der Paracelsus-Medaille (erste medizinische Ehrung). – Schweitzer sitzt wiederholt Modell für Fritz Behn (auch 1954): Zeichnungen, Ölbilder, Tonbüsten. – 20. Dezember: Schweitzer, als Nachfolger Pétains in die Académie des sciences morales et politiques gewählt, spricht über *Das Problem der Ethik in der Höherentwicklung des menschlichen Denkens*
1952–1954	Dezember–Mai: Zum zehntenmal in Lambarene
1953	Mai: Beginn der Arbeiten für eine Leprösensiedlung dicht beim Spital. – Oktober: Friedensnobelpreis rückwirkend für 1952 an Albert Schweitzer. Die Preissumme erlaubt ein Lepradorf «aus einem Guß»
1954	28./29. Juli: Bach-Gedenkkonzert in der Straßburger Thomaskirche. Letztes öffentliches Auftreten als Organist. – 4. November: Entgegennahme des Friedensnobelpreises in Oslo (mit

Helene). Das *Problem des Friedens in der heutigen Welt*

1954/1955 Dezember-Juli: Elftes Wirken in Lambarene (mit Helene)

1955 Mai: Fertigstellung des Lepradorfes. – Herbst: Besuche in England, Paris, Deutschland, der Schweiz. – 11. November: Entgegennahme der Insignien des Ordens Pour le mérite (Friedensklasse) in Bonn

1956/1957 Januar–Juli: Zwölfter Lambarene-Aufenthalt (mit Helene)

1956–1961 In Japan entsteht die erste Gesamtausgabe der Werke Schweitzers (19 Bände)

1957 23. April: Aufruf des Urwalddoktors gegen die Gefahren der Kernwaffenversuche, gesendet von Radio Oslo. – 22. Mai: Helene Schweitzer verläßt Lambarene. – 1. Juni: Sie stirbt achtundsiebzigjährig in Zürich. – Beim spätsommerlichen Europa-Aufenthalt starke Behinderung wegen Bruchs des rechten Mittelhandknochens

1957–1959 Dezember–August: Zum dreizehntenmal in Lambarene

1958 25. Januar: Schweitzer setzt ein weißes Steinkreuz mit eigenhändig eingeritzten Lebensdaten auf das Urnengrab seiner Frau. – 28./29./30. April: Drei Radioappelle über Sender Oslo gegen die Atomgefahren. *Friede oder Atomkrieg*

1959 Oktober. Nach Entgegennahme des Sonningpreises in Kopenhagen *(jeder Pfennig wird Lambarene zugute kommen)* letzte Deutschland-Reise. – November: Dreiwöchiger Paris-Aufenthalt mit Abstechern nach Brüssel und Rotterdam. – 9. Dezember: Der Vierundachtzigjährige verläßt Europa für immer – ohne dies zu ahnen.

In den folgenden Jahren werden Reisen geplant, aber nicht ausgeführt

1960 23. Juli: Erste Briefmarke der neuen Republik Gabon mit dem Porträt Schweitzers

1963 18. April: Feier zum Goldenen Afrika-Jubiläum (Stichtag: 16. April)

1965 14. Januar: 90. Geburtstag, Besucher aus aller Welt. – Frühjahr und Sommer: Bauten, Korrespondenz, Abschluß der kritischen Ausgabe *J. S. Bachs Präludien und Fugen für Orgeln*. – 27. August: Letzter Brief: *Gesundheitlich geht es mir gut*. In den folgenden Tagen zunehmende Ermattung. – 4. September: Albert Schweitzer stirbt vor Mitternacht.

Buchanzeigen